LA VIE, LA MORT, L'ÉTAT

Le débat bioéthique

DU MÊME AUTEUR

Le rasoir de Kant et autres essais de philosophie pratique, Éditions de l'Éclat, 2003.

Penser la pornographie, PUF, 2003, 2ᵉ édition mise à jour, 2008.

La panique morale, Grasset, 2004.

La philosophie morale, *avec Monique Canto-Sperber*, PUF, coll. « Que sais-je ? », 2004, 2ᵉ édition mise à jour, 2006.

Pourquoi tant de honte ? Pleins Feux, 2005.

La morale a-t-elle un avenir ? Pleins Feux, 2006.

L'éthique aujourd'hui. Maximalistes et minimalistes, Gallimard, 2007.

La liberté d'offenser. Le sexe, l'art et la morale, La Musardine, 2007.

Les concepts de l'éthique. Faut-il être conséquentialiste ?, *avec Christine Tappolet*, Hermann, 2008.

RUWEN OGIEN

LA VIE, LA MORT, L'ÉTAT

Le débat bioéthique

BERNARD GRASSET
PARIS

Collection Mondes Vécus dirigée par
PATRICK SAVIDAN

ISBN 978-2-246-75011-6
ISSN 1965-8737

Tous droits de traduction, de reproduction et d'adaptation
réservés pour tous pays.

© *Éditions Grasset & Fasquelle, 2009.*

— La vie est si terrible ; il vaudrait mieux ne pas avoir été conçu.
— Oui, mais qui a une telle chance ? Pas un sur mille [1].

---

1. Plaisanterie yiddish citée par Robert Nozick dans *Anarchie, État et utopie* (1974), trad. Évelyne d'Auzac de Lamartine, revue par Pierre-Emmanuel Dauzat, Paris, PUF, 1988, note 8, p. 410.

Introduction

La vie et la mort sans métaphysique

La vie et la mort ne sont pas seulement des thèmes traditionnels de la réflexion métaphysique ou morale ou des sujets de bac compliqués.

Ce sont aussi des domaines où l'État intervient par la menace et la force, même dans les sociétés dites « libérales ».

En fait, dans ces sociétés, l'État s'abstient de prendre position sur la question de savoir s'il faut se réjouir d'être né ou s'il faut considérer que c'est la pire chose qui nous est arrivée.

Il concède aux citoyens la liberté de se demander s'il faut passer sa vie à se préparer à la mort ou s'il vaut mieux essayer de ne jamais y penser.

Il laisse aux philosophes le soin d'expliquer pourquoi nous sommes tellement inquiets à la perspective de ne plus être dans le futur alors que nous sommes plutôt indifférents au fait de ne pas avoir été dans le passé.

Il n'intervient ni pour promouvoir l'idée qu'il

pourrait y avoir une vie après la mort ou une âme dès le quinzième jour après la conception, ni pour affirmer que ces deux hypothèses sont tellement irrationnelles qu'elles ne méritent même pas d'être examinées.

Bref, dans ces sociétés, l'État ne privilégie aucune option métaphysique à propos de la vie et de la mort.

Il ne fait rien pour promouvoir les idées de Lucrèce, d'Épicure ou des stoïciens de préférence à celles de Kant ou de Thomas d'Aquin.

Il est, comme on pourrait dire, « neutre » ou « sans opinion » sur les grandes questions métaphysiques, ce qui est une forme de prudence dont les philosophes devraient peut-être s'inspirer.

Par ailleurs, dans ces sociétés dites « libérales », l'État a renoncé à certaines de ses interventions les plus spectaculaires en matière de vie et de mort : exécutions publiques, exposition du corps des suicidés, et programmes natalistes agressifs [1].

Cependant, ni l'abstinence philosophique de l'État pour tout ce qui concerne notre rapport métaphysique à la vie et à la mort, ni le fait que, dans ces domaines, ses interventions sont moins visibles qu'autrefois, ne signifie qu'il ait cessé de

---

1. Dominique Memmi, « Administrer une matière sensible. Conduites raisonnables et pédagogie du corps autour de la naissance et de la mort », dans Didier Fassin et Dominique Memmi (dir.), *Le gouvernement des corps*, Paris, Éditions de l'EHESS, 2004, p. 136-143.

contrôler de façon directe et coercitive le début et la fin de vie de ceux qui vivent sur son territoire.

L'encadrement de la vie et de la mort

En France, les lois relatives à la bioéthique de 2004 n'ont rien de particulièrement permissif [1].
Elles excluent la gestation pour autrui et limitent l'accès à l'assistance médicale à la procréation (fécondation *in vitro*, transfert d'embryons, insémination avec le sperme d'un donneur, et autres) aux couples hétérosexuels, mariés ou vivant ensemble depuis au moins deux ans, dont l'infertilité est constatée médicalement, ou risquant de transmettre une pathologie grave à l'enfant, tous les deux en vie et « en âge de procréer ».
Sans être explicitement désignés comme des candidats indignes [2], les gays, les lesbiennes, les

---

1. Les lois de 1994, qui avaient, en gros, les mêmes objectifs, étaient seulement *dites* de « bioéthique » par ceux qui s'y intéressaient. C'était moins problématique. En leur donnant, en 2004, le nom officiel de *loi relative à la bioéthique* (sans guillemets), on fait comme si la loi des États démocratiques était habilitée à s'occuper d'éthique alors qu'elle ne l'est pas aux yeux de tous ceux qui pensent que le droit et la morale sont des genres qu'il faut essayer de ne pas mélanger : H.L.A. Hart, « Positivism and the Separation of Law and Morals », *Harvard Law Review*, 1958, 71, 4, p. 593-629.

2. Mais, indirectement au moins, comme des candidats douteux au rôle de parent, comme me le fait remarquer Martine Gross en référence au Rapport n° 1407 sur l'application de la loi dite de « bioéthique » du 29 juillet 1994, déposé à l'Assemblée nationale par Alain Claeys et

célibataires, les veufs et veuves, et les personnes jugées « trop âgées », selon des critères dont la transparence n'est pas la qualité principale, sont donc privés de l'accès à ces nouveaux moyens de procréer.

Toujours selon ces lois, le clonage reproductif humain est un crime plus grave que l'assassinat précédé de viol, de torture ou d'actes de barbarie lorsqu'il est commis en « bande organisée » (c'est ainsi que devrait être qualifiée l'équipe médicale qui ferait le travail), bien que sa finalité ne soit pas de détruire des vies humaines mais d'en créer.

Depuis février 2009, un débat public est organisé par l'État en vue de la révision de ces lois de bioéthique. Mais c'est sous l'injonction de respecter leurs principes coercitifs d'ensemble [1].

Les évêques disent vouloir « peser » sur ce débat dans un sens qui ne sera probablement pas moins répressif [2]. Dans notre nouveau système dit de « laïcité positive », ce n'est pas rassurant.

Les lois de bioéthique ne sont pas seules à s'occuper de la vie et de la mort des gens.

Claude Huriet en 1999. D'après eux, les choix du législateur « *reposent sur la conviction qu'il faut donner à l'enfant à naître le plus de chances d'épanouissement possibles en le plaçant nécessairement dans le cadre d'un couple traditionnel et consentant* ».

1. Lettre du Premier Ministre au Vice-Président du Conseil d'État, 11 février 2008.
2. Stéphanie Le Bars, « Les évêques veulent peser sur la révision des lois bioéthiques », *Le Monde*, 9 novembre 2008.

D'autres lois réglementent l'interruption volontaire de grossesse beaucoup plus strictement qu'on ne pourrait le supposer. Après la douzième semaine, elle n'est autorisée que pour des raisons médicales, selon l'avis d'un collège de praticiens spécialisés. Ces derniers peuvent refuser de donner l'autorisation d'avorter à une personne qui se trouve alors, tant qu'elle est en France, légalement obligée de procréer contre sa volonté.

D'autres lois encore criminalisent toutes les formes d'aide active à mourir, même en cas de demande manifestement libre et éclairée d'un patient incurable en fin de vie, auprès d'un médecin dont les convictions éthiques ou religieuses n'y sont pas défavorables.

Au nom de la loi

Les résultats concrets sont plutôt déprimants.

Une femme enceinte, qui a souffert toute sa vie d'un bec-de-lièvre, découvre à l'échographie que son bébé aura la même anomalie qu'elle. Elle exprime son intention d'avorter. Mais comme elle a dépassé le délai légal de douze semaines de grossesse, elle doit obtenir l'autorisation de professionnels de la santé. Elle ne lui est pas donnée, car habituellement, ce genre de malformation du fœtus ou d'autres, comme l'absence d'un bras ou d'une jambe, n'est pas considéré comme un motif légitime d'avortement pour raison médicale [1].

A vingt et un ans, un jeune homme devient tétraplégique à la suite d'un terrible accident de voiture. Depuis, il vit cloué sur son lit, quasiment aveugle, sourd, paralysé, alimenté par une sonde gastrique. Deux ans après l'accident, il demande, à l'aide de pressions du pouce, qu'on autorise les médecins à intervenir pour interrompre une vie qui, pour lui, n'a plus aucun sens. Le ministre de la Santé rejette sa demande [2].

Une femme de 53 ans atteinte d'une tumeur qui lui déforme cruellement le visage se voit refuser le droit de se faire prescrire un produit qui pourrait provoquer sa mort [3].

Ceux qui sont ainsi privés de la *décision finale* ne sont pas des spectateurs aussi neutres ou désengagés que les juges d'une épreuve de patinage artistique. Ce sont les *principaux concernés* : ceux qui devront subir les conséquences des choix qui ont été faits pour eux par d'autres.

En fait, toutes ces lois, si raisonnables en apparence, traitent des citoyens adultes en mineurs.

---

[1]. Charlotte Rotman, « La bioéthique au quotidien dans un service de procréation assistée », *Libération*, 28 novembre 2008.
[2]. Axel Kahn, *L'ultime liberté*, Paris, Plon, 2008, p. 72-75.
[3]. Cécile Prieur, « Fin de vie, euthanasie : le débat est-il clos? », *Le Monde*, 23 novembre 2008.

Elles ne tiennent pas compte de leur volonté exprimée de ne pas procréer ou de ne pas continuer à vivre.

Est-ce pour des raisons éthiques et politiques impérieuses ? Est-ce une affaire d'État prioritaire ? C'est loin d'être évident.

Où sont les victimes ?

Si on y réfléchit bien, en effet, les actes que ces lois sur la vie et la mort excluent par la menace ou la force ne causent de préjudice à personne (excepté, bien sûr, à ceux que les juges condamnent pour les avoir effectués). Il s'agit de ce qu'on appelle, en philosophie du droit, des « *crimes sans victimes* [1] ». Or, il y a suffisamment de raisons de penser qu'un système pénal rationnel ne devrait pas contenir de « crimes sans victimes [2] ».

C'est à propos de la criminalisation de la prostitution, de la sodomie et d'autres relations sexuelles désapprouvées au nom de la « nature » ou de la « morale » que la question « Où sont les victimes, au fait ? » a commencé à se poser.

---

[1]. Lawrence M. Friedman, *Brève histoire du droit aux États-Unis* (2002), trad. Monique Berry, Éditions Saint-Martin, Québec, 2004, p. 72-73 ; Joel Feinberg, *Harmless Wrongdoing. The Moral Limits of Criminal Law. Volume Four*, Oxford, Oxford University Press, 1988.
[2]. *Ibid.*

Je me demande seulement si nous ne pourrions pas nous la poser aussi à propos de l'encadrement coercitif de la procréation et de la fin de vie.

Ma réponse est que le suicide assisté sous ses différentes formes, la gestation pour autrui, l'aide médicale à la procréation pour les gays, les lesbiennes et les femmes jugées « trop âgées », et même le clonage reproductif ne visent nullement à causer des torts à quiconque et n'en causent effectivement à personne : ce sont bien des « crimes sans victimes » qu'il est injuste de pénaliser.

Ils voient des victimes partout

Mon argument, qui part du principe qu'il ne devrait pas y avoir de crimes sans victimes, n'est évidemment pas à l'abri de toute objection. La plus embarrassante, peut-être, c'est que quand on cherche des victimes, on finit toujours par en trouver.

C'est particulièrement évident dans le domaine de la procréation et de la mort assistée. Les exemples sont si nombreux et si connus que je n'ai même pas besoin de citer de sources [1].

---

1. Je dirais seulement de ces sources qu'elles ne sont pas toutes religieuses ou conservatrices. De nombreux penseurs, qu'on aurait plutôt tendance à situer du côté de la gauche ou des progressistes, pourraient être cités. En France, Sylviane Agacinski pour ses positions contre les mères porteuses ou

1. La gestation pour autrui sous toutes formes (ce qu'on appelle les « mères porteuses ») porterait atteinte à la dignité et à la santé des femmes en les transformant en « *fours à bébés* » ou en « *sacs à bébés* ». Elle irait contre le bien de l'enfant qu'elle « *priverait d'un lien fondamental à celle qui l'a porté* ».

2. Le clonage reproductif nuirait en général à l'espèce humaine dont il « *menacerait le processus de reproduction bisexué* » qui garantit son adaptabilité à l'environnement et au petit clone en particulier, qu'il priverait d'un avenir « ouvert », « autonome », non « *génétiquement déterminé* ».

3. L'ouverture de l'assistance médicale à la procréation aux couples gays, lesbiens et aux célibataires pourrait nuire aux enfants et à la société dans son ensemble, dont elle remettrait en cause les « *valeurs et les repères fondamentaux* ».

4. L'ouverture de l'assistance médicale à la procréation aux femmes qui sont supposées ne plus être en âge de procréer pourrait nuire à leur santé et au bien-être des enfants, qui auraient le droit à ce que leur « *mère ne soit pas en âge d'être grand-mère* ».

Jacques Testart contre tout ce qui, pour lui, s'apparente à de l'« eugénisme ». Pour beaucoup d'autres références de ce genre, voir Pierre-André Taguieff, *La bioéthique ou le juste milieu. Une quête de sens à l'âge du nihilisme technicien*, Paris, Fayard, 2007, p. 165-251.

5. Le transfert d'embryon *post mortem*, c'est-à-dire après le décès d'un des partenaires du projet parental, pourrait nuire aux enfants car il ferait « *naître des orphelins* ».

6. L'avortement porterait atteinte à l'intégrité des embryons et des fœtus qui sans être des personnes ne sont cependant pas des choses. Il « *détruirait des vies humaines* », des « *êtres humains* » ou des « *personnes potentielles* ».

7. Il en irait de même pour l'utilisation de cellules embryonnaires ou de tissu fœtal à des fins thérapeutiques ou scientifiques, ou la destruction massive d'embryons dits « surnuméraires » (parce qu'ils n'ont plus de finalité procréative). Il s'agirait d'une « *destruction massive de vies humaines* » ou d'« *êtres humains* » ou de « *personnes potentielles* ».

8. L'élimination d'embryons porteurs de pathologies, leur sélection selon les critères de convenance (comme le sexe) ou leur modification génétique en vue de leur « amélioration » serait une forme d'« *eugénisme répugnant* » qui menacerait la dignité de tous.

9. L'aide médicale active à mourir violerait le principe de ne pas nuire à autrui dont la priorité est absolue dans l'exercice de la médecine (*primum non nocere*), l'apport d'un bénéfice venant seulement en second. Ce serait une « *transgression majeure de l'interdit de tuer* ».

10. L'avortement systématique lorsque l'enfant à naître est porteur d'un certain trait considéré comme un handicap (comme la trisomie, le nanisme, la surdité) ou la sélection des embryons destinés à être réimplantés dans le ventre de la mère selon ces critères seraient aussi « offensants » que des insultes racistes. Ils pourraient signifier que l'« *existence de ceux qui vivent avec ce même handicap n'a aucune valeur* » et qu'il aurait été préférable qu'ils ne soient pas nés.

11. Même chose pour la généralisation de la mort assistée. Elle serait offensante, en ce sens qu'elle pourrait signifier aux mourants qui veulent continuer à vivre autant que possible que leur « *survie n'a aucune valeur* » ou même qu'elle est immorale, car « *trop coûteuse aux proches et à la société* ».

12. À tout cela s'ajouterait une nuisance plus générale : la libéralisation de la mort assistée, des mères porteuses, de l'avortement tardif, du clonage reproductif, l'ouverture sans limites de l'aide médicale à la procréation aboutiraient à la désacralisation complète de la vie humaine et sa transformation en « marchandise » ou en chose « superflue ». Si la logique de la libéralisation de la procréation allait jusqu'à son terme, « tout serait à vendre y compris les bébés ». Si la logique de la libéralisation de la mort assistée allait jusqu'à son terme, « plus aucune vie humaine ne serait prot*égée* ».

Ces arguments, courants dans le débat public, ne sont pas juridiques au sens strict. Ils peuvent néanmoins servir dans le processus d'élaboration des lois et dans leur justification politique [1].

Il n'est pas très étonnant que, pour expliquer leur refus de libéraliser les modalités de la procréation et de la fin de vie, les plus conservateurs mettent en avant ces arguments basés sur des listes de victimes potentielles, même si les raisons profondes de leur refus sont plutôt religieuses ou moralistes (au sens d'une supériorité morale accordée à une certaine conception du bien sexuel ou familial). Leurs chances d'être acceptés par le plus grand nombre dans des sociétés démocratiques laïques et pluralistes sont plus élevées [2].

Il est un peu plus surprenant de constater que certains progressistes les suivent dans cette voie [3]. Mais ce n'est ni la première ni la seule fois qu'ils semblent avoir peur des libertés individuelles et des « terribles dangers » qu'elles feraient courir à

---

1. Stéphanie Hennette-Vauchez, « Bioéthique, biodroit, biopolitique : politique et politisation du vivant », dans Stéphanie Hennette-Vauchez (dir.), *Bioéthique, biodroit, biopolitique, Réflexions à l'occasion du vote de la loi du 4 août 2004*, Paris, LGDJ, 2006, p. 29-50.
2. Dimitris Tsarapatsanis, *Les fondements éthiques des discours juridiques sur le statut de la vie humaine anténatale*, thèse de doctorat sous la direction de Michel Troper, Nanterre-Paris X, novembre 2008.
3. Je pense en particulier à la « main tendue » par Jürgen Habermas aux religieux sur ces questions de vie et de mort : « Qu'est-ce qu'une société post-séculière ? », *Le Débat*, novembre-décembre 2008, p. 4-15. Voir aussi note 3, p. 14.

la « société » dans son ensemble et à chacun de ses membres en particulier si elles étaient « sans limites ».

Il n'y a aucune bonne raison, à mon avis, d'aller dans cette direction catastrophiste.

En fait, une bonne partie de ce qui suit vise à montrer qu'autour de la procréation et de la fin de vie, une victimologie abusive s'est constituée.

Une fois qu'on en sera débarrassé, on pourra, je crois, analyser de façon plus sereine les problèmes politiques et moraux que pose l'encadrement coercitif de la vie et de la mort.

L'invention de la bioéthique

La littérature sur les sujets que j'examine est immense, du fait entre autres qu'est apparu, depuis près de quarante ans, un corps de spécialistes, dits « bioéthiciens », qui en traite systématiquement.

Ce corps de spécialistes, souvent autoproclamés, n'est pas supposé produire des normes ou veiller à leur application comme si c'était des législateurs ou des juges (bien qu'il leur arrive souvent de penser qu'ils le sont), mais évaluer celles qui existent et en inspirer de nouvelles, dans un domaine assez vaguement défini.

Il va de l'éthique médicale au sens étroit à tout

ce qui concerne le « *vivant* », quel que soit le sens donné à ce terme, tantôt limité à l'humain, tantôt étendu à la vie animale, ou à toute la « nature », ou encore à tout l'environnement, envisagé dans tous ses aspects même « non naturels [1] ».

La bioéthique peut s'occuper de l'encadrement de la procréation, de la reproduction et de la fin de vie, comme de la recherche, de l'expérimentation, de l'acquisition et de la diffusion du savoir scientifique sur le vivant, mais aussi des politiques publiques en matière de santé et d'environnement, ainsi que du rapport personnel à la nature dans ses formes humaines et non humaines. Son domaine d'intervention semble illimité.

À la différence du biopolitique, qui est un phénomène social spontané sans commencement précis ni auteur clairement identifiable [2], la bioéthique peut être vue comme une invention humaine qu'il est possible de dater, une sorte de marque déposée par des entrepreneurs moraux qui ont fait fortune intellectuellement et politiquement, si on peut dire [3].

---

1. Gilbert Hottois, *Qu'est-ce que la bioéthique ?* Paris, Vrin, 2004.
2. On peut appeler « biopolitique », en référence à l'œuvre de Michel Foucault, un dispositif normatif de contrôle de la vie et de la mort diffus, non nécessairement étatique, à distinguer du « biodroit » qui, lui, s'occuperait du dispositif légal centralisé mis en place par l'État : Hennette-Vauchez (dir.), *Bioéthique, biodroit, biopolitique. Réflexions à l'occasion du vote de la loi du 4 août 2004.*
3. H. Tristram Engelhardt, « The Ordination of Bioethicists as Secular Moral Experts », dans Ellen Frankel Paul, Fred D. Miller Jr,

On s'est beaucoup interrogé sur les motivations de ces entrepreneurs. Ils peuvent être inspirés par un souci *corporatiste* : défense des médecins face aux pressions des patients, des patients face au paternalisme médical ou de l'industrie pharmaceutique face aux gouvernements.

Mais ils peuvent aussi exprimer une préoccupation *universaliste*. C'est le cas lorsque ces entrepreneurs moraux voudraient faire partager leur crainte de voir l'« exception humaine », dans ce qu'elle a de plus « sacré », anéantie par le développement incontrôlé de l'appareil scientifique et industriel dit « biotechnique », et plus spécialement par les nouvelles techniques de manipulation génétique et chimique [1].

Certains estiment que ce dispositif bioéthique est un moyen de redonner une voix à un paternalisme discrédité par ailleurs, surtout lorsqu'il prend la forme de comités d'experts composés de philosophes bien-pensants, de personnalités religieuses et d'autres issues des professions médicales [2].

Jeffrey Paul (dir.), *Bioethics*, Cambridge, Cambridge University Press, 2002, p. 59-82.

1. Francis Fukuyama, *La fin de l'homme. Les conséquences de la révolution biotechnique*, Paris, Gallimard, 2002 ; Jürgen Habermas, *L'avenir de la nature humaine. Vers un eugénisme libéral ?* (2001), trad. Christian Bouchindomme, Paris, Gallimard, 2002 ; Taguieff, *La bioéthique ou le juste milieu. Une quête de sens à l'âge du nihilisme technicien*.

2. Dominique Memmi, *Les gardiens du corps. Dix ans de magistère bioéthique*, Éditions de l'EHESS, 1996 ; Donald D. Ainslie, « Bioethics and the Problem of Pluralism », dans Paul, Miller Jr, Paul (dir.), *Bioethics*, p. 1-28.

Mais la production bioéthique comprend aussi des travaux qui vont à l'opposé de nombreuses idées reçues et n'ont aucune vocation paternaliste [1]. Je leur ferai d'ailleurs une grande place tout au long de ma discussion.

Ce qui est sûr, c'est que cette production apparemment réglée par le principe « publish or perish » (la publication ou la mort !), est considérable. Ce qui ne veut pas dire, d'ailleurs, que des avancées conceptuelles spectaculaires aient été faites depuis la parution des premiers ouvrages de référence [2].

Dans le même temps, et pour des raisons probablement identiques, des comités d'éthique biomédicale se sont constitués un peu partout dans le monde. Ils produisent des rapports et des avis à la chaîne, dont l'accumulation sur les étagères des bibliothèques pourrait finir par faire craquer les plus solides.

Étant donné, enfin, que l'intérêt mêlé d'effroi du grand public pour ces questions de vie ou de mort est toujours aussi puissant, de nombreux ouvrages de circonstance ont été publiés à l'occa-

---

1. Valérie Gateau a raison d'insister sur ce point (communication personnelle) en référence à Peter Singer ou John Harris, entre autres (voir bibliographie).
2. Depuis, disons, la première édition parue en 1979, du célèbre livre de Tom L. Beauchamp et James F. Childress, *Les principes de l'éthique biomédicale*, 5ᵉ éd. 2001, trad. Martine Fisbach, Paris, Les Belles Lettres, 2008.

sion de telle ou telle affaire qui a provoqué la compassion générale (la mort de Vincent Humbert ou celle de Chantal Sébire) ou soulevé l'indignation universelle (l'annonce du premier clone humain faite par les raëliens, dont l'existence n'a jamais pu être établie).

On ne peut pas dire que leur contribution à la connaissance soit très élevée. Mais des témoignages personnels de patients ou de professionnels de santé ont aussi été publiés. Leurs propos, souvent non conformistes, ne sont pas moins pertinents que les affirmations grandiloquentes de certains supposés experts en éthique, sur la « dignité humaine » ou la « sagesse de la nature ».

En préparant ce livre, je n'ai évidemment pu lire qu'une partie infime de cette énorme production. Mais je n'ai jamais eu l'intention d'écrire un ouvrage exhaustif sur ces thèmes ou d'entrer en concurrence avec les juristes, les professionnels de la santé, les patients et leurs familles, qui les connaissent sous tous leurs aspects, souvent très douloureux.

Je propose seulement une intervention limitée sur quelques questions particulières et non sur l'ensemble de ce vaste domaine occupé désormais par la bioéthique.

Je n'examinerai pas les problèmes que posent la définition de la mort, les conditions du prélèvement d'organes, la commercialisation de produits du corps humain, la recherche sur les embryons, toutes choses pourtant aussi sérieusement encadrées par l'État que celles que je discuterai.

Je m'estimerai satisfait si, sur les questions que j'aborde, je peux apporter une contribution même minime, et je serais heureux si tous ceux qui connaissent mieux que moi ces problèmes concrets ne découvraient pas trop d'erreurs ou d'incompréhension dans mes descriptions de faits qui les concernent (au cas où ils s'y intéresseraient).

Les problèmes que je discute sont plutôt abstraits. Ils se placent au plan le plus général des principes. Ils relèvent de la philosophie politique et morale. En même temps, ils concernent la vie intime et provoquent des réactions émotionnelles intenses chez la plupart d'entre nous.

Pour justifier ma critique des lois qui encadrent la procréation et la fin de vie, j'essaierai cependant de ne pas faire appel trop fréquemment à ces exemples et de m'en tenir, autant que possible, à la discussion des principes.

Je sais bien qu'aujourd'hui, on vote des lois de circonstance à la suite de faits divers qui ont provoqué ce qu'on appelle l'« émotion générale » (qui est en train de remplacer, semble-t-il, la vieille notion d'« opinion publique », sans que le gain soit évident). Mais ce n'est pas un modèle qu'on est obligé de suivre.

Dans ces questions politiques et morales complexes, ce dont nous manquons le plus, ce n'est pas de cas qui provoquent la compassion ou la répulsion, comme ce documentaire tourné en Suisse montrant le déroulement du suicide assisté d'un malade incurable dans tous ses détails [1]. Ils ne nous aident pas toujours à y voir plus clair.

Demander la décriminalisation de l'aide active à mourir en invoquant certains cas particulièrement choquants est certainement insuffisant. Mais exiger la criminalisation du suicide assisté au vu d'un documentaire difficile à supporter n'est pas plus raisonnable.

En soutenant que c'est aux parents d'intention et aux mourants que devrait revenir la décision finale en matière de procréation et de fin de vie, je sais que je m'expose aussi à l'accusation de vouloir faire porter tout le poids d'un choix parfois tragique à des personnes particulièrement vulnérables, alors qu'il s'agit d'une affaire qui concerne la société dans son ensemble et ses mécanismes de solidarité.

Mais ce que je défends seulement, c'est un *droit* que les personnes concernées ne sont évidemment pas obligées d'exercer, si elles n'en ont pas la force ou la volonté.

---

1. Jean-Hébert Armengaud, « Le trépas en prime time », *Libération*, 11 décembre 2008.

Sous le prétexte, parfois, de ne pas faire porter tout le poids de la responsabilité de décisions si difficiles à des personnes vulnérables, c'est ce droit lui-même qu'on voudrait exclure par la loi en donnant, par exemple, tout le pouvoir de décider aux médecins ou à des agents de l'État [1].

C'est ce glissement que je conteste et non, bien sûr, l'aide aux personnes qui doivent prendre une telle décision (lorsqu'elles la demandent) et la solidarité à leur égard une fois qu'elles l'ont prise.

---

1. Jacques Milliez, *L'euthanasie du fœtus. Médecine ou eugénisme ?*, Paris, Odile Jacob, 1999, p. 53-67.

PREMIÈRE PARTIE

Qu'est-ce qui justifie l'encadrement coercitif de la vie et de la mort?

C'est, souvent, au nom des principes libéraux d'*autonomie personnelle* inspirés de Kant ou de *propriété de soi-même* venus de Locke, et de l'idée dérivée de *consentement mutuel*, que l'encadrement coercitif de la procréation et de la mort assistée par l'État est contesté [1].

Cependant, ceux qui prennent la défense de cet encadrement coercitif, et ceux qui voudraient le voir évoluer dans un sens encore plus répressif (en revenant par exemple sur le droit d'avorter) font observer que les notions d'autonomie personnelle, de propriété de soi-même ou de consente-

---

1. Ronald Dworkin, *Life's Dominion. An Argument about Abortion, Euthanasia and Individual Freedom*, New York, Vintage Books, 1994, trad. partielle Marc Ruëgger dans Alberto Bondolfi, Frank Haldemann, Nathalie Maillard (dir.), *La mort assistée en arguments*, Genève, Georg éditeur, 2007, p. 133-160 ; John Robertson, *Children of Choice. Freedom and the New Reproductive Technologies*, Princeton, N.J., Princeton University Press, 1994 ; John Harris, « Goodbye Dolly ? L'éthique du clonage humain » (1997), trad. Nathalie Maillard Romagnoli, dans Frank Haldemann, Hugues Poltier, Simone Romagnoli (dir.), *Le clonage humain en arguments*, Genève, Georg éditeur, 2005, p. 107-136 ; Onora O'Neill, *Autonomy and Trust in Bioethics*, Cambridge, Cambridge University Press, 2002, pour une présentation critique de ces trois auteurs.

ment mutuel ne peuvent pas servir de critère de jugement suffisant dans ces questions de procréation et de mort assistée [1].

En effet, d'après eux, les actes qui sont contrôlés par l'État dans ces domaines ne concernent nullement le rapport à soi-même mais le rapport à d'autres que soi, en l'occurrence à des êtres particulièrement vulnérables (embryons, fœtus, malades, handicapés, etc.), avec qui l'idée même d'un rapport contractuel ou d'avantage mutuel est inenvisageable.

Ils avancent quatre arguments en faveur d'un encadrement coercitif du début et de la fin de vie qui expriment, chacun à leur manière, ce simple souci d'éviter de nuire à autrui : la protection des plus vulnérables, la crainte d'une « pente fatale », le respect de la dignité humaine et du caractère sacré de la vie [2].

D'après ceux qui les mettent en avant, ces arguments pourraient être acceptés par *tout le monde*, c'est-à-dire même par ceux qui ne partagent pas leurs convictions politiques, religieuses et éthiques. En effet :

---

[1]. O'Neill, *Autonomy and Trust in Bioethics*, p. 57.
[2]. Ils sont bien connus grâce, entre autres, à Jean-Yves Goffi, qui les a présentés et analysés de façon admirable dans *Penser l'euthanasie*, Paris, PUF, 2004, en ce qui concerne la fin de vie. Voir aussi Mary Warnock, Elizabeth Macdonald, *Easeful Death. Is there a Case for Assisted Suicide?*, Oxford, Oxford University Press, 2008, qui est structuré lui aussi autour des quatre arguments, sur le thème de la fin de vie également.

1. La protection des plus vulnérables, femmes enceintes, enfants nés et à naître, personnes âgées, malades ou gravement handicapées, fait partie des principes politiques et moraux les plus élémentaires, ceux que personne, en principe, ne devrait rejeter.

2. Selon l'argument dit de la pente « savonneuse », ou de la pente « glissante », ou encore de la pente « fatale », expression qui convient le mieux au sujet que je traite, on peut, à partir de mesures qui ne semblent pas mauvaises en elles-mêmes, aboutir à des états de choses horribles dont personne ne veut. Si la légalisation de l'aide active à mourir ou la sélection des embryons et des fœtus selon des critères de « perfection physique » aboutissait nécessairement à l'élimination des personnes âgées solitaires ou à l'humiliation permanente des handicapés, tous ceux qui, sans être spécialement religieux ou moralistes, ont un minimum de compassion devraient s'en inquiéter.

3. Depuis plus d'un demi-siècle au moins, et selon la première phrase du préambule de la Déclaration universelle des droits de l'homme de 1948, entre autres, la « dignité humaine » est présentée comme une valeur commune à l'humanité entière, au-delà des distinctions culturelles et religieuses.

4. Le débat public autour de la liberté d'avorter

et du droit de mourir a montré que l'argument du caractère sacré de la vie n'était pas de nature purement religieuse. Même ceux qui sont attachés à la laïcité et au pluralisme moral y sont sensibles [1].

Le fait que les mêmes arguments, valables pour tous, sont utilisés pour justifier l'encadrement coercitif de la procréation et de la mort assistée semble montrer une certaine unité de ces questions du point de vue politique et moral.

Au total, cette conjonction d'arguments forme un ensemble assez cohérent. Il ne suffit pas d'invoquer les principes d'autonomie personnelle, de propriété de soi-même et de consentement mutuel pour qu'ils s'écroulent.

Cela ne veut pas dire, loin de là, que ces arguments soient imparables. Ils obligent seulement ceux qui, comme moi, contestent les dispositifs répressifs sur la vie et la mort, à expliquer d'abord ce qui ne va pas dans ces quatre arguments avant de justifier leurs propres positions.

*

Je viens d'évoquer les quatre arguments classiques en faveur du dispositif répressif sur la vie et

---

1. Dworkin, *Life's Dominion*.

la mort qu'il me paraissait important d'évaluer. Deux autres sont apparus récemment. En France, ce sont eux qui accaparent l'attention dans le débat théorique, mais peut-être moins dans le débat public, qui ne se fait pas toujours à coup d'échanges d'arguments dérivés de constructions systématiques.

1. L'argument du respect des grands principes de filiation invoqués principalement par des juristes et des philosophes, au nom d'hypothèses théoriques venues en partie de la psychanalyse [1].

2. L'argument de la justice sociale inspiré, entre autres, des critiques de Jürgen Habermas dirigées contre ce qu'il appelle l'« *eugénisme libéral* [2] ».

Avant de passer à mon analyse des quatre arguments que j'ai retenus, je voudrais dire brièvement pourquoi il m'a semblé que je pouvais me dispenser d'examiner les deux autres.

Certains penseurs s'opposent à la libéralisation de la procréation parce qu'elle remettrait en cause ce qu'ils appellent les règles de la filiation. Ces dernières sont très nombreuses en France. Elles

---

[1]. Olivier Cayla, « Le droit de se plaindre », dans Olivier Cayla, Yan Thomas, *Du droit de ne pas naître. À propos de l'affaire Perruche*, Paris, Gallimard, 2002, p. 52-54.
[2]. Habermas, *L'avenir de la nature humaine*.

excluent qu'il y ait plus d'une mère ou d'un père [1] et posent que la mère est celle qui accouche [2].

Or, si la gestation pour autrui devenait licite, il serait difficile de respecter ces deux règles, puisque la mère porteuse, celle qui accouche, ne serait pas *nécessairement* la mère génétique, l'ovocyte fécondé qu'elle a développé n'étant pas nécessairement le sien.

Si on voulait conserver la règle disant que la mère est celle qui accouche tout en reconnaissant le droit à la maternité de celle qui a donné son ovocyte, il y aurait deux mères (la mère génétique, celle qui donne son ovocyte, et la « mère porteuse », celle qui fait prospérer l'embryon et accouche du bébé) et parfois même trois, si la mère d'intention, à qui on reconnaît la maternité, n'est ni la mère porteuse ni la donneuse d'ovocyte [3].

Il se pourrait aussi que, si la technique le per-

---

[1]. Hormis le cas de l'adoption simple, où les parents adoptants et « naturels » figurent ensemble dans l'état civil.

[2]. Marcela Iacub, *L'empire du ventre. Pour une autre histoire de la maternité*, Paris, Fayard, 2004.

[3]. Pour Martine Gross, le véritable problème que posent les maternités de substitution du point de vue de la filiation « vient de la règle qui attribue la maternité à la femme qui a accouché sans accorder le moindre poids à sa parole lorsqu'elle préfère désigner elle-même qui seront les parents. Elle a bien le droit de ne pas vouloir être la mère, mais elle n'a pas le droit de choisir les parents, elle doit confier l'enfant aux services sociaux qui choisiront pour elle » (communication personnelle). Merci pour cette très juste remarque qui pourrait alimenter ma critique de certaines formes d'interventionnisme de la puissance publique dans ces questions de vie et de mort.

met, le matériau génétique utilisé pour fabriquer un bébé provienne de très nombreux géniteurs différents (la couleur des yeux de l'un, le type de chevelure d'un autre, la taille d'un troisième, etc. [1]. Celui ou celle qui aura donné au moins un gène pourra-t-il postuler au statut de parent ? Combien de parents seront autorisés à figurer sur la fiche d'état civil ? et qui sera capable de se souvenir de tous à chaque vérification d'identité ?

Autre problème de filiation : si le clonage reproductif cesse d'être une impossibilité technique et sociale, faudra-t-il considérer le petit clone comme un descendant de son géniteur, comme un jumeau, ou les deux à la fois ? Quelles seraient les implications de ces différentes possibilités du point de vue des droits (de succession, par exemple) et des devoirs (d'assistance par exemple) [2] ?

Les juristes les plus habiles pourraient peut-être trouver des solutions satisfaisantes dans le cadre législatif présent. Mais rien n'interdirait non plus que ce cadre soit modifié par la libéralisation des modalités de l'adoption ou la reconnaissance de

---

1. Rosemarie Tong, « Surrogate Motherhood », dans R.G. Frey et Christopher Heath Velleman, *A Companion to Applied Ethics*, Oxford, Blackwell Publishing, 2005, p. 369-381.

2. Ou, pour les grands-parents, de ne pas avoir un enfant de plus – le jumeau de son propre enfant – sans l'avoir demandé, comme le fait remarquer Speranta Dumitru, dans « À combien de clones aurions-nous droit ? Deux façons de mesurer la liberté de procréation » (à paraître dans *Raison publique*).

formes de coparentalité entre les géniteurs et les parents d'intention, et d'autres modifications du même genre, comme ce fut le cas partout où l'homoparentalité ou la gestation pour autrui sont devenues légales [1].

Il existe un courant de pensée qui voit les règles de filiation présentes comme des expressions de contraintes anthropologiques plus profondes, dont la transgression pourrait menacer la santé mentale des personnes et l'ordre social dans son ensemble [2].

Mais le fait que rien de tel ne s'est produit là où des législations plus libérales en matière de filiation ont été adoptées suffit à mettre en doute ces spéculations dont je ne tiendrai donc pas compte [3].

Je n'examinerai pas non plus la question de savoir si des innovations techniques comme l'utérus artificiel, le clonage reproductif humain ou la possibilité d'« améliorer » des individus par des procédés de modification génétique, pour-

---

1. Martine Gross, *L'homoparentalité*, Paris, PUF, 2003.
2. Je pense, en particulier, aux théories de Pierre Legendre qui ont été démontées de façon très convaincante par Olivier Cayla dans « Le droit de ne pas se plaindre ».
3. Mon argument est purement empirique, mais la critique conceptuelle de Yan Thomas pourrait le renforcer. D'après elle, la meilleure explication de la flexibilité des règles de filiation, c'est qu'il s'agit de constructions juridiques dont la liberté à l'égard des faits naturels est pratiquement illimitée : Yan Thomas, « *Fictio legis*. L'empire de la fiction romaine et ses limites médiévales », *Droits*, 21, 1995, p. 17-63.

raient être la cause de toutes sortes d'inégalités encore plus monstrueuses que celles que nous connaissons aujourd'hui. Ou si, au contraire, elles pourraient servir à compenser certaines inégalités naturelles.

Ces questions de « justice génétique » posent des problèmes normatifs complexes et passionnants [1]. Mais elles viennent, me semble-t-il, en second.

En réalité, la question politique et morale la plus difficile que pose la possibilité de développer des programmes d'« amélioration génétique » ou des techniques de procréation comme le clonage ou l'utérus artificiel n'est pas de savoir s'ils seront accessibles à tous ou si une distribution juste de leurs bénéfices est envisageable. Elle est de savoir si ces techniques et ces programmes ne sont pas intolérables quelle que soit la façon dont ils pourraient être distribués.

---

1. Justine Burley et John Harris (dir.), *A Companion to Genethics*, Oxford, Blackwell Publishing, 2002.

CHAPITRE 1

LA PROTECTION DES PLUS VULNÉRABLES

Selon John Stuart Mill, la seule raison légitime pour laquelle un État peut « *user de la force contre un de ses membres, contre sa volonté, est d'empêcher que du mal soit fait à autrui* [1] ».

En fait, il ne pense pas vraiment que c'est la *seule* raison puisque, dans la suite de sa discussion, lorsqu'il évoque la taxation ou le principe de l'assistance aux personnes en danger par exemple, il reconnaît que la coercition peut être légitime pour prévenir des actions qui ne visent pas à nuire directement aux autres [2]. Il doit simplement estimer que c'est la meilleure.

Par ailleurs, la formulation de Mill est ambiguë. Elle ne dit pas si l'intervention de l'État par la menace ou la force n'est légitime que pour *prévenir* certains actes, ou si elle l'est aussi pour

---

1. John Stuart Mill, *De la liberté* (1859), trad. et préface Fabrice Pataut, Paris, Presses Pocket, 1990, p. 39.
2. *Ibid.*

sanctionner après coup ceux qui les ont commis [1]. Elle mériterait certainement d'être clarifiée à cet égard.

Enfin, Mill ne précise pas ce qu'il entend par le « mal » qui peut être fait aux autres. Il ne peut évidemment pas s'agir de n'importe quelle souffrance ou de n'importe quel dommage infligé aux autres, mais de ceux qui sont *injustes* [2].

Le chirurgien qui ampute un patient porte clairement atteinte à son intégrité physique et le fait certainement souffrir. Mais agissant en principe pour des raisons médicales et avec le consentement supposé du patient, il ne lui cause pas de mal, de tort, de préjudice.

Par contraste, le psychopathe qui découpe sa victime en petits morceaux sans son consentement et pour des raisons qui n'ont probablement rien de médical, lui cause évidemment du mal, du tort, un préjudice.

Du point de vue de la philosophie politique, ce qu'il faut retenir de la conception de Mill, c'est qu'elle définit les limites de l'intervention coercitive de l'État par *la menace ou la force* exclusivement [3].

---

1. David Boonin, *The Problem of Punishment*, Cambridge, Cambridge University Press, 2008, p. 194-198.
2. Axel Gosseries, *Penser la justice entre les générations. De l'affaire Perruche à la réforme des retraites*, Paris, Aubier, 2004, p. 52-53.
3. Joel Feinberg, *Harm to Others. The Moral Limits of Criminal Law*, Volume One, Oxford, Oxford University Press, 1984 ; *Harm to Self. The*

Pour les libéraux, les tâches de l'État ne se limitent pas nécessairement à ce programme minimal. La prévention des torts causés aux autres n'est pas le seul motif légitime de son intervention. L'État peut avoir des ambitions plus positives, comme celles de promouvoir une certaine forme de culture, même si elle n'est pas appréciée de tous, ou la prospérité générale, même si c'est au détriment de certains.

Cependant, quelles que soient ses conceptions des tâches de l'État en général, le libéral peut admettre que, lorsqu'il exerce son pouvoir *coercitif*, en menaçant des personnes d'amendes, d'emprisonnement ou même de mort, c'est l'existence de *torts causés aux autres* qui est la meilleure justification de son action [1].

Si l'État emprisonnait ceux qui refusent de participer activement aux manifestations culturelles qu'il organise, comme la Fête de la musique ou la Journée du patrimoine, on ne pourrait plus dire qu'il est « libéral ».

D'où l'idée que la meilleure justification de l'usage par l'État de moyens *coercitifs*, c'est la prévention des torts aux autres.

Le problème, c'est que ce principe est de plus en plus fréquemment invoqué pour justifier *toutes*

Moral Limits of Criminal Law. Volume Three, Oxford, Oxford University Press, 1986.
1. *Ibid.*

les interventions coercitives de l'État, même les plus paternalistes, celles qui visent à protéger les gens d'*eux-mêmes* et non des autres.

Lorsqu'on veut les contrôler par la loi, toutes sortes de conduites qui pourraient être vues comme relevant du rapport à son propre bien-être physique ou moral sont présentées comme des conduites qui causent délibérément des torts à autrui.

Les moralistes, à la suite d'Aristote ou de Kant, ont toujours condamné les ivrognes, les drogués, les gros mangeurs, les suicidés, les masturbateurs, les paresseux, les gens qui détruisent leurs talents, leurs vies ou leur santé, c'est-à-dire ceux qui se causent volontairement des torts *à eux-mêmes*.

Pour ces moralistes, ceux qui agissent ainsi portent atteinte à leur « nature », à leur « dignité », violent leurs « devoirs moraux envers eux-mêmes ». Cette tendance moraliste continue, bien sûr, d'exister.

Ce qui est nouveau, c'est cette façon de condamner les *mêmes* conduites, en déclarant que c'est parce qu'elles portent tort *aux autres* et de vouloir légiférer pour cette raison.

Quoi qu'il en soit, l'argument de la non-nuisance aux autres est exploité de façon systématique et, me semble-t-il, abusive, dans les domaines qui me préoccupent, ceux de la procréation et de la fin de vie, probablement parce que sa légitimité est manifestement supérieure, dans la justification de l'action répressive de l'État, aux arguments religieux ou moralistes.

Victimologie exubérante

J'ai présenté, en introduction, une longue liste de nuisances aux plus vulnérables : élimination des embryons et des fœtus ; atteintes aux droits des petits clones (à un avenir ouvert) et à ceux des mères porteuses (à ne pas être des « fours à bébés ») ; offenses aux handicapés (que l'élimination systématique des fœtus porteurs de leur handicap dévaloriserait) ; menaces contre la sécurité des mourants (que la légalisation de l'euthanasie ne manquerait pas d'induire) ; risques pour l'espèce humaine (si le clonage n'était pas absolument interdit) ; dangers pour les « repères » et les « valeurs » (comme le caractère sacré de la vie humaine).

À mon avis, cette liste donne une extension trop grande à la classe des êtres à qui on peut causer des préjudices et à celle des préjudices qu'on peut leur causer.

1. Dans *la classe des êtres à qui on peut causer des préjudices*, elle inclut des entités individuées, existantes ou actuelles (les mères, les enfants nés,

les mourants) qui peuvent, en effet, subir des dommages injustes et d'autres, non individuées, potentielles ou virtuelles (les embryons, les fœtus, les enfants qui auraient pu naître) auxquelles il est plus difficilement concevable que ce genre de dommages puissent être causés[1]. Elle contient aussi des entités collectives ou symboliques (l'espèce humaine, les « repères » et les « valeurs ») qui ne risquent pas de subir le même genre de préjudices qu'un individu particulier (si elles peuvent en subir).

2. Dans *la classe des préjudices qu'on peut causer*, la liste inclut, sans discrimination, des atteintes à l'intégrité physique ou aux droits fondamentaux de personnes particulières et la contestation idéologique de certaines « valeurs ». Elle ne fait pas de différence entre les torts causés directement et intentionnellement à des individus et les offenses ressenties même lorsqu'il n'y a pas eu d'intention de les provoquer (comme le sentiment d'humiliation des handicapés du fait de la destruction systématique des fœtus porteurs de leur handicap).

---

[1]. Même si ce n'est pas *inconcevable* : Caspar Hare, « Voices from Another World : Must We Respect the Interests of People Who Do Not and Will Never Exist ? », *Ethics*, avril 2007, p. 498-523 ; Jeff McMahan, « Wrongful Life : Paradoxes in the Morality of Causing People to Exist », dans Jules L. Coleman et Christopher W. Morris (dir.), *Rational Commitment and Social Justice. Essays for Gregory Kavka*, Cambridge, Cambridge University Press, 1998, p. 208-247.

À travers les lunettes du principe de non-nuisance aux autres compris dans ce sens extensif, exubérant et finalement abusif, on voit des victimes partout, même là où un peu de réflexion nous empêcherait d'en voir.

Homicide sur éprouvette

Ainsi, l'idée qu'un embryon puisse subir le même genre de préjudice qu'un enfant déjà né aurait l'implication peu attrayante que la destruction intentionnelle d'une éprouvette contenant un embryon devrait être considérée comme un meurtre [1] ou, pire encore, comme un meurtre *commis sur un mineur*.

Dans l'état actuel du droit français, ce genre d'implication est exclue, pour des raisons plus complexes que le sentiment d'absurdité. Ainsi, des personnes avaient engagé une procédure contre un centre hospitalier universitaire où les embryons dont ils étaient les géniteurs étaient conservés, parce que ces embryons avaient été endommagés à la suite d'un accident. Elles se sont vu refuser toute compensation pour préjudice matériel (puisque les embryons sont suppo-

---

[1]. Tsarapatsanis, *Les fondements éthiques des discours juridiques sur le statut de la vie humaine anténatale*, p. 575.

sés ne pas avoir de valeur marchande) ou pour préjudice moral (faute pour les embryons d'être des personnes, des êtres chers ou des produits humains ayant un « caractère sacré »)[1].

De façon plus générale, les embryons sont considérés juridiquement comme des « sans-statut » : ni personnes susceptibles de subir des dommages injustes, ni choses dont on pourrait tirer profit, pour des raisons qui pourraient valoir dans le domaine moral aussi[2].

La recherche médicale peut-elle offenser les handicapés ?

Certaines personnes atteintes d'un handicap comme le nanisme, la trisomie ou la surdité estiment qu'elles subiraient un préjudice si l'on procédait à l'élimination systématique des em-

---

1. *Ibid.*, p. 90-96 et 223-230, en référence à l'arrêt de la cour administrative d'appel de Douai du 6 décembre 2005.
2. Comme Martine Gross me le suggère (communication personnelle), même si le fœtus et l'embryon sont « sans statut », on pourrait néanmoins juger les cas d'atteinte à leur intégrité différemment selon que l'*intention* de la femme était de les conserver ou pas. Interrompre volontairement une grossesse ne causerait aucun tort à qui que ce soit. Empêcher une femme qui souhaitait mener sa grossesse à son terme de devenir mère lui causerait certainement un préjudice. Mais la question qui me préoccupe ici n'est pas de savoir si on cause un préjudice à la mère en l'empêchant d'aller au terme de sa grossesse (on peut l'envisager, quel que soit l'état de la jurisprudence) mais si l'enfant à naître subit *lui aussi* un préjudice (ce qui est plus difficile à concevoir).

bryons porteurs de leur pathologie, parce qu'une telle politique dévaluerait leur propre existence [1]. Elles ressentiraient une telle politique comme une *offense* aussi grave ou plus grave que des insultes racistes [2].

Mais si on endossait l'argument des offenses, on s'engagerait envers des conclusions qu'il ne serait pas facile d'assumer. Des recherches qui viseraient à donner la vue à ceux qui en sont privés seraient-elles offensantes pour les aveugles ? Est-ce qu'elle dévaluerait leur existence d'aveugles ? Faudrait-il les interdire pour cette raison [3] ?

Une interprétation minimaliste du principe de non-nuisance

Pour éviter ces implications indésirables et d'autres du même genre, on pourrait limiter la

---

[1]. Allen Buchanan, « Genetic Manipulation and the Morality of Inclusion », *Social Philosophy and Policy*, 13, 1996, p. 18-46.
[2]. Thomas Healy, « Stigmatic Harm and Standing », *Iowa Law Review*, 92, 2006, p. 417.
[3]. Patrick Pharo rejette la comparaison (communication personnelle) en estimant que viser à éliminer une pathologie comme la cécité ne peut pas être aussi offensant que viser à éliminer les embryons ou les fœtus porteurs d'une certaine pathologie comme la trisomie ou le nanisme. Je me demande pourtant si des recherches qui viseraient à modifier génétiquement tous les embryons ou les fœtus porteurs de trisomie ou de nanisme pour les rendre « normaux » ne risqueraient pas d'être jugées aussi offensantes que l'élimination systématique de ces embryons ou de ces fœtus.

portée du principe de non-nuisance aux torts concrets causés directement et intentionnellement à des personnes existantes et non consentantes.

On exclurait ainsi les dommages à soi-même ou à des personnes consentantes, les dommages idéologiques, les offenses et les dommages aux entités possibles, potentielles, collectives ou abstraites.

Selon cette interprétation minimaliste du principe de non-nuisance aux autres, la gestation pour autrui, l'aide active à mourir, l'interruption volontaire d'une grossesse fût-elle tardive, la sélection des embryons pour des raisons de convenance passeraient du statut d'atteintes graves aux autres à celui de « *crimes sans victimes* », c'est-à-dire qui ne devraient pas être traités comme des crimes.

Il me semble que les intuitions qui vont dans le sens d'une telle restriction du principe de non-nuisance pourraient être justifiées par deux hypothèses générales.

1. Dans le domaine de la procréation, le principe de non-nuisance ne s'applique pas à l'enfant à naître pour des raisons empiriques (on ne peut pas prédire son avenir) et conceptuelles (si on se restreint au cas des enfants qui risquent de naître handicapés lorsque la seule autre possibilité est de ne pas naître du tout).

2. Dans le domaine de la fin de vie, le principe de non-nuisance ne peut pas s'appliquer au candidat à la « mort douce » (euthanasie active ou passive ou suicide assisté), dans la mesure où il est consentant.

On pourrait dire que, dans les deux cas, le principe de non-nuisance aux autres doit être suspendu.

Suspension du principe de non-nuisance dans le domaine de la procréation : le problème du préjudice d'être né

Empiriquement, on ne peut pas prédire comment l'enfant à naître se représentera son existence. Il se pourrait qu'elle soit intolérable pour un enfant « normal » et pleine de satisfactions pour un enfant porteur d'un handicap à la naissance (si on excepte les victimes de syndromes aussi physiquement destructeurs que ceux dits de « Tay-Sachs », qui sombrent très tôt dans un état végétatif ou de « Lesch-Nyan » qui conduit à des comportements d'automutilation précoces) [1].
La sociologie et la psychologie des personnes

---

[1]. Bonnie Steinbock, « Peut-il être injuste pour un enfant de naître ? », dans Marcela Iacub et Pierre Jouannet, *Juger la vie. Les choix médicaux en matière de procréation*, Paris, La Découverte, 2001, p. 80-92.

dites « handicapées » ont montré que leur vie, vue de l'intérieur, n'était pas aussi misérable que nombre de préjugés le laissaient penser [1].

Une bonne partie des souffrances de ces personnes ne vient pas du handicap lui-même, mais de sa perception par les autres, de leur mépris ou de leur condescendance, et surtout du fait que l'environnement physique et social n'est pas du tout conçu pour elles [2].

La prudence empirique, relativement à ce que sera l'existence d'une personne handicapée à la naissance, étant donné, entre autres, que l'environnement physique et social pourrait changer, serait la politique la plus raisonnable [3].

Par ailleurs, même si, pour certains, une femme se conduit de façon irresponsable si elle garde son fœtus lorsqu'elle *sait* qu'il est porteur de handicaps graves et incurables, qu'elle a les moyens matériels d'avorter et aucune raison religieuse impérieuse de ne pas le faire [4], il y a des

---

1. Jonathan Glover, *Choosing Children. The Ethical Dilemmas of Genetic Intervention*, Oxford, Clarendon Press, 2006 ; Steinbock, *ibid.*
2. Glover, *Choosing Children. The Ethical Dilemmas of Genetic Intervention*.
3. Marta Spranzi me fait remarquer que c'est aussi un des « arguments phares » pour restreindre l'accès au diagnostic prénatal, l'interruption médicale de grossesse, l'arrêt de soins pour nouveau-nés handicapés, etc. Il me semble que c'est une exploitation abusive de l'argument. Car il ne parle pas en faveur de ce genre de restrictions générales mais seulement de la liberté *de ne pas recourir à ces interventions médicales* si on ne le souhaite pas.
4. Laura M. Purdy, « Genetics and Reproductive Risks : Can Having

obstacles *conceptuels* à considérer qu'elle lui cause un tort.

Car pour qu'il y ait torts et victimes, il ne faut pas seulement qu'il y ait dommages et souffrances, mais dommages et souffrances *injustes*.

L'enfant qui naît handicapé subit-il un dommage « injuste », si la seule autre possibilité qui lui était ouverte était de ne pas naître du tout[1] ?

Comme il n'y a pas de réponse claire à cette question, on ne peut pas dire que l'enfant qui naît handicapé dans ces conditions est une « victime ». Cette conclusion ne dépend nullement de la valeur religieuse ou sacrée qu'on donne à la vie en général.

Mais que dire si l'enfant naît gravement handicapé parce que la femme qui le portait lui a porté intentionnellement atteinte alors qu'elle était enceinte[2] ? Ne serait-il pas absurde de prétendre que l'enfant à naître n'a subi aucun tort ?

La réponse n'est cependant pas aussi évidente qu'on pourrait le penser. On estime en effet qu'il est plus grave de tuer un enfant que de le blesser, alors qu'on a plutôt tendance à penser qu'il n'est pas inadmissible d'avorter, mais répugnant de

---

Children Be Immoral ? », dans Helga Kushe et Peter Singer, *Bioethics*, 2ᵉ éd., Oxford, Blackwell Publishing, 2006, p. 113-121.

1. McMahan, « Wrongful Life : Paradoxes in the Morality of Causing People to Exist ».

2. C'est une variation sur une excellente objection de Danièle Siroux. Merci !

blesser intentionnellement un enfant à naître [1]. Si l'enfant à naître avait été tué plutôt que seulement blessé, on aurait peut-être dû considérer que le dommage était *moins grave*. Dans le domaine de la procréation, on raisonne à l'encontre des façons habituelles d'évaluer les torts.

Ces difficultés empiriques et conceptuelles marquent, de façon plus générale, les limites à l'usage du principe de non-nuisance en matière de procréation.

Suspension du principe de non-nuisance dans le domaine de la fin de vie : la place du consentement

Dans le domaine de la fin de vie, le principe de non-nuisance pourrait être suspendu également, dans la mesure où le candidat à la mort assistée est consentant en principe et en vertu de l'adage : « On ne fait pas de tort à celui qui consent ».

Mais les philosophes et les juristes qui contestent l'adage ou en limitent la portée ne manquent pas. Il est d'ailleurs loin d'être suivi en droit, puisque toutes sortes de dommages auxquels des personnes consentent formellement sont néanmoins jugés comme des torts.

---

1. Jeff McMahan, « Paradoxes of Abortion and Prenatal Injury », *Ethics*, 116, 4, juillet 2006, p. 625-655.

Ce fut le cas au Royaume-Uni, dans une affaire célèbre, pour des blessures subies dans le contexte de relations sadomasochistes violentes entre partenaires homosexuels consentants [1]. La Cour européenne des droits de l'homme avait estimé que la décision du juge britannique, qui condamnait les participants à ces jeux sadomasochistes à diverses peines d'emprisonnement, ne violait pas la Convention européenne des droits de l'homme [2].

Il est sûr que la notion de consentement pose des problèmes d'identification (qu'est-ce qu'un consentement valide ou non vicié?) et de valeur (le consentement peut-il annuler les fautes? Peut-il les aggraver?). Mais les conclusions politiques et morales qu'on doit en tirer ne sont pas évidentes.

Ainsi, il existe tout un mouvement d'inspiration religieuse qui conteste l'idée que le consentement des partenaires pourrait être un bon critère du licite et de l'illicite dans le domaine des relations sexuelles entre adultes. Mais par quoi faudrait-il le

---

1. Olivier Cayla, « Le plaisir de la peine et l'arbitraire pénalisation du plaisir », dans Danièle Lochak, Daniel Borillo (dir.), *La liberté sexuelle*, Paris, PUF, 2006, p. 89-106.

2. *Ibid.*, p. 89-91. Dans une autre affaire aussi célèbre (KA et AD c., Belgique, 2005), le même juge a de nouveau justifié les poursuites pénales contre des adultes participants à des jeux sadomasochistes, mais en invoquant cette fois l'absence de consentement d'une des participantes. Dans ce cas, c'est la réaction des juristes critiquant le jugement qui faisait du consentement le critère de la licéité de l'acte qui montrait que l'adage « On ne fait pas de tort à celui qui consent » était loin d'être communément admis. Merci à Stéphanie Hennette-Vauchez pour la référence et le commentaire.

remplacer ? Par l'avis des philosophes moraux kantiens ? des psychanalystes lacaniens ? de la Sacrée Congrégation pour la Doctrine de la Foi ?

Même chose dans d'autres domaines comme les relations de travail, les relations entre parents et enfants, maris et femmes, maîtres et élèves, médecins et patients.

Il est indéniable que le consentement formel peut servir à rendre légitimes toutes sortes de formes d'exploitation, d'inégalités injustes, de domination. On cite souvent, pour le prouver, l'exemple, assez convaincant en effet, du « consentement » de la future épouse au mariage, lorsqu'il est arrangé par les parents et qu'il est matériellement impossible de le refuser.

Qui pourrait nier qu'il y a des situations où « consentir » ne veut rien dire d'autre que se résigner, accepter ce qu'on ne peut pas refuser[1] ? Mais, sous prétexte qu'il peut, en effet, servir à légitimer des situations de domination, faut-il renoncer à faire du consentement un critère du juste dans les relations entre personnes ?

Le coût moral et politique serait, à mon avis, trop élevé. Ne pas tenir compte de l'opinion des personnes sous prétexte qu'elle n'est pas suffisamment libre, informée, rationnelle est une attitude qui demande à être sérieusement justifiée

---

1. Geneviève Fraisse, *Du consentement*, Paris, Le Seuil, 2007.

dans une société démocratique. Il faudrait, en tout cas, qu'il y ait un *accord sur la procédure* qui permettrait d'établir ce déficit du jugement.

Qui doit être habilité à décider que telle ou telle personne n'est pas suffisamment libre, informée ou rationnelle ? Un collège de sociologues et de métaphysiciens ? Peut-on exclure la personne visée elle-même du processus de décision sans lui porter tort ? Si on l'exclut, est-ce que cela ne revient pas à la traiter de façon paternaliste, condescendante, humiliante ? N'est-ce pas une injustice aussi grave que celle qui consiste à se servir du consentement formel pour justifier des rapports de domination ?

Le même genre de questions se posent à propos des relations entre médecins et patients. Devrions-nous revenir à une médecine paternaliste qui ne tiendrait pas du tout compte du consentement des patients, sous prétexte que, de toute façon, c'est une farce dans les conditions de son application aujourd'hui ?

Est-ce que nous nous porterions mieux s'il n'était plus nécessaire de remplir des formulaires de consentement, puisque nous ne pouvons pas faire autrement si nous voulons être soignés ? Faudrait-il plutôt engager des luttes pour que le consentement ne soit plus une farce ? Mais comment exactement ? En forçant tout le monde à prendre des cours de médecine ?

Le consentement pose des problèmes, c'est évident. Est-ce une raison suffisante pour s'en débarrasser ? Ce serait probablement encore un de ces cas où, comme on dit, le bébé serait bêtement jeté avec l'eau du bain (expression particulièrement appropriée pour une réflexion sur la procréation et la fin de vie).

Si on estime qu'il n'y a pas de raison impérieuse de nier la validité du consentement du candidat à la mort assistée et si on admet que le consentement annule le tort, il s'ensuit qu'on ne lui cause pas de tort en répondant à sa demande.

L'aide active à mourir peut-elle causer des torts aux médecins ?

Pour la procréation autant que pour la fin de vie, je n'ai examiné jusqu'à présent que des nuisances possibles aux patients (enfants à naître et candidats à la « mort douce »), mais non à ceux qui sont supposés prendre soin d'eux : les praticiens spécialisés. Or ces derniers aussi pourraient subir des torts :

1. Si la déontologie médicale l'interdisait.
2. S'ils étaient contraints de procéder à une interruption volontaire de grossesse ou à une aide

active à mourir contre leurs convictions éthiques ou religieuses.

L'argument qui met en avant les contraintes de la déontologie médicale n'est pas aussi décisif qu'il pourrait sembler, car cette dernière n'est ni complètement intangible, ni parfaitement cohérente. Il existe ainsi une tendance à la modifier dans un sens moins paternaliste, même si les résultats concrets se font encore attendre[1]. Elle présente des aspects contradictoires qu'elle ne cherche même pas à masquer. Elle affirme que le soulagement des souffrances des patients est un principe d'intervention légitime, tout en reconnaissant qu'en l'appliquant le médecin peut aller contre l'impératif catégorique de ne pas causer délibérément la mort. Elle admet aussi qu'on puisse interrompre activement la vie des entités anténatales (embryons, fœtus) à la demande de la mère et celle des enfants tout juste nés selon le jugement des praticiens en néonatalogie[2], tout en refusant d'autoriser celle des mourants qui la demandent eux-mêmes.

Et si les médecins ne peuvent pas être requis

---

1. Pierre Jouannet, « Principes éthiques, pouvoir médical et responsabilités du praticien », *Pouvoirs*, 89, 1999, p. 5-14 ; Claude Evin, « Les droits du malade », *Pouvoirs*, 89, 1999, p.15-30.
2. Anne Paillet, *Sauver la vie, donner la mort*, Paris, La Dispute, 2007.

pour participer activement aux exécutions capitales dans les pays démocratiques, mais seulement pour constater la mort, dans les faits, ils ne se contentent pas toujours de « constater ».

À l'occasion d'un débat récent aux États-Unis, autour de la méthode de l'injection mortelle, dont le caractère constitutionnel avait été remis en cause, on a pu apprendre que si la plupart des médecins refusaient d'apporter leur assistance en cas de difficulté, certains le faisaient au nom de leurs « devoirs envers la société » sans être sanctionnés [1].

Présenter la déontologie médicale comme un ensemble de règles cohérentes et sacrées, entièrement fondées sur les deux impératifs de préserver la vie et de ne pas intervenir activement pour provoquer la mort, ne correspond pas à la réalité.

Par ailleurs, tout le monde semble être d'accord pour penser qu'il vaut mieux éviter d'obliger ceux qui condamnent absolument l'interruption volontaire de grossesse ou l'aide active à mourir à effectuer ces actes, situations exceptionnelles mises à part.

---

1. La méthode fut finalement déclarée conforme à la Constitution : Arrêt de la Cour suprême, 16 avril 2008. Merci à Stéphanie Hennette-Vauchez qui a attiré mon attention sur cette polémique.

Raisons normatives

Pour mettre des actions et des relations à l'abri de toute sanction pénale, il ne suffit pas cependant d'affirmer qu'il s'agit de crimes sans victimes. Il faut aussi justifier l'idée que les crimes sans victimes ne doivent pas faire l'objet de sanctions pénales. Or, de ce point de vue, il existe un conflit théorique profond entre penseurs conservateurs et libéraux, qui ne semble pas près de trouver une issue [1]. On peut dire, en gros, que moins un système de dispositions pénales admet de crimes sans victimes, plus il est libéral [2]. Ce n'est pas une justification de la supériorité du point de vue libéral en matière pénale, c'est seulement une description de ce qui fait sa spécificité.

Qu'est-ce qui pourrait nous aider à évaluer ces deux systèmes ?

Pour donner des raisons de préférer un système de dispositions pénales qui n'admet pas de crimes sans victimes, il me semble qu'il serait intéressant de chercher du côté de ce qui pourrait nous faire

---

1. H.L.A. Hart, *Law, Liberty, and Morality*, Stanford, Stanford University Press, 1963.
2. Feinberg, *Harmless Wrongdoing*.

préférer une éthique minimaliste à une éthique maximaliste [1].

Selon une certaine tradition philosophique, que j'appelle « maximaliste », certaines actions ou relations ont vocation à être jugées immorales, même lorsqu'elles ne causent aucun tort concret à quiconque [2].

C'est cette idée qui permet d'envisager la possibilité de juger immoral le suicide, la masturbation, la gloutonnerie, la sodomie, la prostitution, le blasphème, et, pour les sujets qui nous préoccupent, le clonage reproductif, la gestation pour autrui et toutes les formes de mort assistée.

Mais ce n'est pas la seule façon de concevoir l'éthique. On peut estimer, en opposition complète à ces principes maximalistes, qu'aucune action ou relation ne peut être dite « immorale » si elle ne cause pas de torts concrets aux autres. Ce qu'on se fait à soi-même ou à des choses abstraites, ce que font entre eux des adultes consentants n'aurait alors aucune importance morale.

C'est le point de vue « minimaliste ». D'après lui, il n'y a rien d'immoral dans le suicide, l'auto-

---

1. C'est ce que j'ai essayé de faire dans *L'éthique aujourd'hui. Maximalistes et minimalistes*, Paris, Gallimard, 2007.
2. Cf. la présentation très claire de ce point de vue par Bernard Baertschi, en référence à Kant entre autres : *Enquête philosophique sur la dignité. Anthropologie et éthique des biotechnologies*, Genève, Labor et Fides, 2005, p. 209-218.

mutilation, le blasphème, les relations sadomasochistes entre personnes consentantes ou pour les sujets qui nous préoccupent, le clonage reproductif, la gestation pour autrui, et toutes les formes de mort assistée.

Cette distinction pourrait nous donner des raisons de contester un système qui pénalise les crimes sans victimes. Un tel système reposerait finalement sur une morale maximaliste qu'on aurait des raisons de rejeter.

CHAPITRE 2

LA PENTE FATALE

Dans ces débats autour de la vie et la mort, on a parfois l'impression d'assister à des joutes intellectuelles médiévales. Ce n'est évidemment pas parce que les participants manquent de convictions démocratiques (bien que ce soit probablement le cas de certains). C'est plutôt parce que le débat porte sur des sujets qui faisaient les délices des philosophes et des théologiens de l'époque.

Ils se demandaient, bien sûr, comme dans l'Antiquité, à partir de combien de graines on a un tas et si la flèche de Zénon touchera jamais sa cible. Mais ils ont aussi inventé toutes sortes d'autres questions compliquées relatives à l'*action humaine*.

Une action qui a deux effets, l'un bon et l'autre mauvais, est-elle permise dans le cas où c'est seulement le bon effet qui est visé par l'agent ? Y a-t-il une différence morale entre l'action et l'omission lorsque les intentions ou les conséquences sont identiques, aussi bonnes ou aussi mauvaises, et ainsi de suite [1].

Dans des débats présents, on se pose des questions du même genre. À partir de quand peut-on dire qu'un fœtus est une personne [2] ? Jusqu'à quand les recherches sur l'embryon sont-elles moralement acceptables ? Existe-t-il une différence morale entre faire mourir quelqu'un en procédant à l'injection d'un produit mortel et le laisser mourir en cessant de l'hydrater et de l'alimenter ? Entre débrancher des appareils qui garantissent sa suivie et ne pas les brancher [3] ? Entre déposer une pilule mortelle sur la table de nuit d'une personne qui voudrait mourir et la placer dans sa bouche car elle n'arrive pas à le faire elle-même ? Entre donner un médicament mortel pour mettre fin à une vie de souffrances et donner le même médicament dans l'intention de soulager des souffrances tout en sachant qu'il mettra fin à la vie [4] ?

---

1. Thomas d'Aquin, *Somme théologique*, 2-2.64.7, Paris, Le Cerf, 1984.
2. Jeff McMahan, *The Ethics of Killing*, Oxford, Oxford University Press, 2002, sur le point de vue « continuiste » ou « gradualiste » dans l'acquisition de la personnalité.
3. Judith Jarvis Thomson, « Physician-Assisted Suicide : Two Moral Arguments », *Ethics, Special Issue : Symposium on Physician-Assisted Suicide*, 109, 3, avril 1999, p. 497-518.
4. Philippa Foot, « The Problem of Abortion and the Doctrine of Double Effect » (1967), *Virtues and Vices*, Oxford, Basil Blackwell, 1978, p. 19-32 ; James Rachels, « Euthanasie active et euthanasie

Dans l'ensemble des arguments qui sont échangés dans ces joutes, le plus redoutable est l'argument dit de la pente « glissante » ou « fatale », parce que c'est celui qui risque d'avoir l'impact politique le plus grand, en ce sens qu'il peut être à l'origine d'une panique morale.

Les plus libéraux disent : « On commence par limiter l'avortement tardif, on finira par interdire la contraception, puis, pourquoi pas, les rapports sexuels sans but procréatif. »

Les plus conservateurs répondent : « On commence par autoriser l'avortement, on finira par permettre l'infanticide, puis, pourquoi pas, par décriminaliser l'homicide volontaire. »

Les plus libéraux disent : « On commence par interdire l'aide active à mourir aux personnes qui le demandent de façon insistante, on finira par prohiber le suicide comme autrefois. »

Les plus conservateurs rétorquent : « On commence par permettre le suicide assisté, on finira par permettre l'élimination des vieux, des pauvres et des handicapés, puis, pourquoi pas, de toute autre catégorie de la population dont on décidera que la vie ne vaut pas la peine d'être vécue. »

Il faut distinguer l'argument de la pente fatale de deux autres, avec lesquels on le confond sou-

---

passive », dans Alberto Bondolfi, Frank Haldemann, Nathalie Maillard (dir.), *La mort assistée en arguments*, Genève, Georg éditeur, 2007, p. 181-186.

vent : le principe qui nous demande de traiter les cas similaires de façon similaire et la règle qui impose de tirer une conclusion à partir de certaines prémisses dans un raisonnement logique.

1. *Cas similaires.* Si on estime que c'est la même chose, en gros, de se faire payer parce qu'on a mis ses muscles au service de la police et de se faire payer parce qu'on a mis son sexe à la disposition de clients, on ne pourra pas dire qu'il est déshonorant de se faire payer pour mettre son sexe à la disposition de clients, mais non pour mettre ses muscles au service de la police. Pourquoi ? Parce que les cas similaires doivent être traités de façon similaire.

Pour rester dans notre domaine d'intérêt, si on estime, comme les plus conservateurs, que c'est la même chose, en gros, de procéder à un avortement précoce ou tardif et de commettre un infanticide, et si l'infanticide est considéré comme un homicide, il faudra considérer l'avortement comme un homicide, les cas similaires devant être traités de façon similaire.

2. *Règle logique.* Si on suppose que seuls les êtres qui ont un corps humain sont des personnes, et si on suppose aussi que les embryons n'ont pas de corps humain, on conclura que les embryons ne sont pas des personnes.

Dans le premier cas, il n'y a pas de pente fatale qui pourrait conduire un policier à devenir travailleur du sexe ou le droit d'avorter à devenir un droit à l'infanticide. Il n'y a que des analogies supposées entre ces situations (qu'on n'est pas obligé d'accepter, par ailleurs).

Dans le deuxième cas, il n'y a pas de pente fatale qui pourrait conduire un embryon à perdre son statut de personne ; il n'y a qu'une conclusion à partir d'une prémisse qui fixe une propriété nécessaire de la personne et d'une autre qui identifie une classe d'êtres qui ne la possède pas.

Il y a d'autres différences, plus intéressantes. Deux conditions semblent nécessaires pour qu'il y ait pente fatale [1].

1. Le résultat auquel on aboutit doit être horrible (infanticide, élimination des handicapés, etc.).

2. Ce qui fait glisser vers ce résultat horrible, ce n'est pas une nécessité logique ou conceptuelle, mais une progression naturelle due à des facteurs sociaux, psychologiques ou biologiques.

---

[1]. Bernard Williams, « L'argument de la pente glissante » (1986), dans *La fortune morale*, trad. Jean Lelaidier, Paris, PUF, 1994, p. 337-351.

Le principe de traiter les cas similaires de façon similaire se distingue de l'argument de la pente fatale parce qu'il n'implique pas nécessairement un horrible résultat.

Quant à la règle qui impose des conclusions à partir de certaines prémisses dans un raisonnement logique, elle n'a rien à voir avec une nécessité naturelle.

Tout diagnostic de pente fatale devrait proposer une justification du caractère du résultat (en quel sens est-il horrible?) et une explication de ce qui obligerait à y arriver (est-il impossible de bloquer une pente fatale par un encadrement législatif »?).

Ce n'est pas toujours le cas.

Au Royaume-Uni, l'expérimentation sur les embryons dits « surnuméraires », car fabriqués en éprouvette dans le cadre d'un projet procréatif mais non utilisés finalement, est permise jusqu'au quatorzième jour de leur développement [1].

Certains s'opposent à ce qu'ils deviennent matériel de laboratoire, estimant que ce sera le point de départ d'une progression naturelle qui conduira

---

1. Williams, « L'argument de la pente glissante ». Marta Spranzi précise (communication personnelle) que cette division a pour origine le fait qu'avant quatorze jours, on considère, au Royaume-Uni, qu'il ne s'agit pas d'un embryon, mais d'un *pré-embryon*, car la condition d'individualisation n'est pas satisfaite. À ce stade, en effet, il peut encore se dédoubler et donner deux individus distincts.

à l'expérimentation sur des embryons individués de plus en plus développés.

Le résultat est-il vraiment horrible, s'agissant d'embryons qui n'ont de toute façon aucune vocation à se développer dans le cadre d'un projet procréatif ? La progression du point de départ à ce résultat est-elle naturelle ou nécessaire ? Ni l'un ni l'autre ne sont évidents.

Parfois, il y a de fortes asymétries dans l'argumentation en raison de différences dans l'évaluation du résultat. Le libéral qui milite pour le droit à l'avortement tardif sans motif dira probablement qu'il vaudrait mieux, en effet, qu'il n'aboutisse pas à faire reconnaître un droit de tuer ses propres enfants sans motif aussi. Il admettra, avec le conservateur, que le droit inconditionnel à l'infanticide serait un horrible résultat.

Mais le conservateur qui se bat pour l'interdiction de l'avortement tardif ne sera pas d'accord avec le libéral pour dire que, si elle devait aboutir à l'interdiction de toute forme de contraception, ce serait un horrible résultat. Il pourrait même juger que ce serait une excellente chose.

Quoi qu'il en soit, l'argument de la pente fatale semble décisif contre la légalisation de l'aide active à mourir ou du suicide assisté, alors qu'il ne l'est pas. Selon cet argument, si l'aide active à mourir était légalisée, les médecins pourraient avoir beaucoup moins de scrupules à abréger la vie des patients dont la prise en charge serait trop coûteuse pour l'État ou trop exigeante psychologiquement pour le personnel soignant, ou pour répondre aux sollicitations de familles pressées de se débarrasser d'un membre presque mort, mais encore plus encombrant pour cette raison. Une telle possibilité pourrait créer à la longue un climat de terreur ou, au moins, de suspicion peu favorable au développement de relations de confiance entre les médecins, le personnel soignant, les patients et leurs proches, ce que personne ne pourrait souhaiter. Pour éviter d'aboutir à ce résultat indésirable, le mieux serait de ne pas se mettre *sur la pente qui y mène fatalement*.

La première objection qu'on pourrait faire à ce raisonnement, c'est que la criminalisation de l'aide active à mourir n'a jamais empêché ce genre de « dérives ». Les médecins qui finissent par avouer qu'ils pratiquent des injections mortelles illégales sans demander l'avis des patients ne manquent pas [1].

Par ailleurs, rien ne nous oblige à croire que ces

---

1. Joseph Fletcher, « L'euthanasie : notre droit de mourir », trad. Marc Ruëgger, dans Alberto Bondolfi, Frank Haldemann, Nathalie Maillard (dir.), *La mort assistée en arguments*, Genève, Georg éditeur, 2007, p. 222-223.

« dérives » se produiraient *nécessairement* si l'aide active à mourir était légalisée. Est-il raisonnable néanmoins de les envisager sur la base des données disponibles, c'est-à-dire à partir de l'expérience des pays où l'aide active à mourir a été légalisée ?

Dans le cadre de la mission qui devait évaluer la loi portant son nom, le député des Alpes-Maritimes Jean Leonetti a examiné la législation des Pays-Bas et celle de la Belgique, qui ne criminalisent pas l'aide médicale active à mourir aux patients souffrant d'une maladie grave et incurable, et le demandent de façon claire et insistante (ou l'ont fait savoir de façon anticipée ou par délégation aux proches) [1].

Il s'est aussi intéressé à la législation suisse qui autorise l'aide médicale au suicide. Il affirme avoir constaté les « dérives » suivantes.

1. En Suisse, un tiers des personnes qui ont recours au suicide assisté n'ont pas de maladies graves et incurables : elles seraient plutôt dans la « lassitude de vivre ». D'autre part, les associations d'aide au suicide qui se sont ouvertes aux

---

1. Jean Leonetti, Rapport d'information n° 1287, fait au nom de la mission d'évaluation de la loi n° 2005-370 du 22 avril 2005, relative aux droits des malades et à la fin de vie, présenté à Assemblée nationale, 25 novembre 2008 ; « Jean Leonetti compare les législations de nos voisins : "Les critères flous ne sont pas respectés" », *Libération*, 2 décembre 2008.

patients étrangers se feraient payer de manière « exorbitante ».

2. Le dispositif hollandais, lui, serait « déstabilisé » et les demandes d'euthanasie s'effondreraient partout où les soins palliatifs seraient actifs. Par ailleurs, la législation permissive n'aurait pas empêché que le nombre d'euthanasies clandestines reste élevé. Les « dérives » seraient du même ordre en Belgique, la différence semblant être qu'il existe plus de résistances à l'application de la loi en dehors de la Flandre.

Peut-on parler de résultats horribles en Suisse ? L'extension du suicide assisté aux personnes qui ne souffrent pas de maladies graves et incurables n'est pas en infraction avec la réglementation. Est-elle moralement intolérable ? C'est loin d'être évident [1]. L'exploitation des étrangers fortunés qui sont prêts à payer cher pour obtenir ce qu'ils ne peuvent pas avoir chez eux n'est, certes, pas très honorable. Est-ce un résultat horrible ? Est-il vraiment inconcevable que des règles permettant de l'éviter soient formulées et appliquées ? La meilleure solution pour casser ce marché sordide

---

1. Christine Tappolet, « Le droit au suicide assisté et à l'euthanasie : une question de respect de l'autonomie ? », *Revue philosophique de Louvain*, 101, février 2003, p. 43-57. On aurait pu se poser la question aussi à propos de la demande d'aide à mourir de Chantal Sébire, qui a été assez généralement reconnue comme légitime, alors qu'elle ne provenait pas d'une malade en fin de vie.

ne consisterait-elle pas à briser le monopole des associations suisses d'aide au suicide en libéralisant le suicide assisté ailleurs ?

Est-il plus approprié de parler de résultats horribles aux Pays-Bas ? En quoi le fait que les demandes d'euthanasie s'effondrent lorsqu'il existe un bon système de soins palliatifs est-il une « dérive » ? Pourquoi faudrait-il y voir un horrible résultat de la décriminalisation de l'aide active à mourir ?

C'est plutôt un fait qui pourrait, éventuellement, nous faire douter du sens exact de la demande du patient à l'aide active à mourir, puisqu'elle semble très dépendante du contexte en matière de soins palliatifs. Mais le problème de l'évaluation de cette demande est complexe. Il se pose dans tous les cas, même lorsqu'il n'existe pas de législation relative à la fin de vie. Ce n'est pas un horrible résultat de la décriminalisation de l'aide active à mourir.

Quant aux euthanasies clandestines, dont l'évaluation est douteuse par définition, le fait qu'elles n'aient pas disparu aux Pays-Bas ne peut pas servir d'argument contre un droit de mourir, pour des raisons déontologiques et conséquentialistes.

Du point de vue déontologique, le but du législateur est seulement de décriminaliser le geste du médecin qui accepte certaines règles. On ne peut pas dire qu'il n'ait pas été atteint.

Du point de vue des conséquences, si l'objectif était d'éliminer les euthanasies clandestines, il n'a pas été rempli, à en croire M. Leonetti. Cependant, même si les données de M. Leonetti étaient fiables [1], les conclusions politiques qu'il faudrait en tirer ne seraient pas évidentes.

On pourrait aussi bien déduire que la loi doit être modifiée en un sens *encore plus libéral*, moins contraignant pour les médecins, afin qu'elle puisse être mieux appliquée.

Par ailleurs, si la loi n'a pas produit autant de bons résultats qu'on pouvait l'attendre, est-ce une raison suffisante pour parler de « dérives » ?

La pente fatale vers la « marchandisation »

L'une des versions les plus populaires, aujourd'hui, de l'argument de la pente fatale, c'est celui de la « commercialisation » de ce qui ne devrait jamais faire l'objet d'un échange marchand. Cette variante est utilisée de façon incohérente.

---

1. En réalité, il n'y a pas d'accord sur ce qui se passe aux Pays-Bas : Markus Zimmermann-Aklin, « Le modèle néerlandais : un concept directeur ? », trad. Sylvain Fattebert, dans Bondolfi, Haldemann, Maillard (dir.), *La mort assistée en arguments*, p. 313-331.

Ainsi, il semble bien qu'il existe un vaste trafic d'organes dans le monde et des dérives marchandes réelles et massives. Des personnes sont contraintes de vendre leurs organes par la misère, la menace et la force. Elles sont sous-payées ou pas payées du tout pour se faire prélever des organes qui seront revendus pour des sommes énormes. On les engage dans des contrats bidon jamais respectés, sans suivi médical, etc. [1].

Pourtant, l'existence de ces « dérives » répugnantes n'a jamais servi d'argument de base contre le don d'organes entre vivants ou après le décès du donneur. Personne, parmi les personnalités publiques plus ou moins raisonnables, n'a jamais exigé (à ma connaissance) que le don de rein entre vivants ou le don *post mortem* d'un foie ou d'un cœur soient interdits en raison de l'existence d'un trafic d'organes international sordide.

On raisonne tout autrement dans le cas des mères porteuses. On affirme qu'il existe un marché des mères porteuses qui présente des caractères aussi répugnants que ceux du transfert d'organes : femmes contraintes à porter un bébé pour autrui par la misère, la menace et la force, sous-payées ou pas payées du tout pour donner naissance à des enfants qui seront revendus pour des sommes

---

1. Cher S. Jimenez, « La chasse aux trafiquants de reins est ouverte », *Courrier international*, 921, 26 juin-2 juillet 2008.

considérables, engagées dans des contrats jamais respectés, sans suivi médical, etc.

Et on conclut que, pour éviter ces « dérives », la gestation pour autrui doit être universellement prohibée, même lorsqu'elle est proposée à titre gratuit, accompagnée médicalement, encadrée par des contrats clairement formulés et garantis par l'État [1].

Pourquoi les dérives marchandes du transfert d'organes (assez bien documentées) n'aboutissent-elles jamais à une demande d'interdiction du don d'organes, alors que les dérives marchandes (moins bien établies) de la gestation pour autrui servent de prétexte à persévérer dans l'interdiction ?

Il n'y a aucune bonne justification à cette inégalité de traitement qui contredit l'adage « L'abus n'exclut pas l'usage », qui semble signifier qu'il n'y a pas lieu de s'abstenir d'une chose qui n'est pas mauvaise en soi sous prétexte qu'on pourrait en abuser [2]. Il pourrait servir d'objection fatale à l'usage incontrôlé de l'argument de la pente fatale.

---

1. Sylviane Agacinski, « L'enfant devient une marchandise », *Libération*, 14 août 2008.
2. Fletcher, « L'euthanasie : notre droit de mourir », p. 224.

CHAPITRE 3

LA DIGNITÉ HUMAINE

Chez Kant, il existe une symétrie morale entre ce que nous faisons aux autres et ce que nous faisons à nous-mêmes. Elle est justifiée par le principe selon lequel, pour autant que nous sommes des *personnes* et non des animaux ou des choses, nous ne pouvons pas être complètement instrumentalisés, traités simplement comme des moyens au service des fins d'autrui, ni même en vue de nos propres fins, mais comme des *fins en soi*, ce qui veut dire comme des êtres qui possèdent une « dignité [1] ». Que signifient plus précisément « personne » et « dignité » dans cette construction ?

Personnes
Dire que nous sommes des personnes signifie en premier lieu, que nous ne sommes ni des bêtes

---

1. Emmanuel Kant, *Fondements de la métaphysique des mœurs* (1785), trad. Victor Delabos revue par Alexandre Philonkenko, Paris, Vrin, 1982, p. 106 ; *Métaphysique des mœurs II. Doctrine de la vertu* (1797) trad. Alain Renaut, Paris, GF, 1994, § 11, p. 291.

qu'on peut tuer, manger et dont on peut jeter les restes à la poubelle, ni des choses dont on se sert, qu'on peut acquérir, transférer ou détruire si on n'en a plus besoin, comme un sac en plastique ou des chaussettes trouées. Pourquoi ? Qu'est-ce qui fait qu'être une personne a toutes ces implications ?

Selon Kant, être une personne n'est pas une qualité qu'on possède du simple fait qu'on est un être humain au sens biologique ou du fait que la nature nous a donné la capacité de raisonner. C'est une valeur qu'on a en tant qu'être capable de juger et d'agir pour des raisons morales.

Cette valeur est objective ou *intrinsèque* en ce sens qu'elle ne dépend des intérêts de personne, à la différence d'autres valeurs comme celle qu'ont, pour certains d'entre nous, les cigares ou le whisky.

Ce n'est pas une qualité qu'on nous a donnée et qu'on peut nous retirer, qui peut augmenter ou diminuer. Elle est partagée par tous, même le pire criminel. Certes, du fait de ses actes, le criminel perd sa valeur sociale aux yeux des autres, et leur respect aussi probablement. Mais il reste une personne. C'est à ce titre qu'il peut être jugé moralement responsable de ses actes, quelles que soient les causes psychologiques ou sociales qui les *expliquent* scientifiquement. C'est à ce titre aussi qu'il possède le droit d'être jugé légalement selon une procédure équitable, quelle que soit l'ampleur de ses crimes.

C'est tout cela que signifie, pour Kant, l'idée qu'en tant que personne nous n'avons pas de prix, mais une *dignité* ou une valeur intrinsèque absolue [1].

En vertu du principe de symétrie morale, nous avons le devoir envers les autres de respecter *leur* dignité et envers nous-mêmes de respecter notre *propre* dignité.

C'est dans le rapport à nous-mêmes que la notion de dignité intervient de la façon la plus originale. Elle impose, pour Kant, des devoirs moraux comme ceux de ne pas se suicider, de ne pas se masturber, de ne pas laisser se talents naturels à l'abandon et de ne pas faire preuve de bassesse ou de servilité.

Cependant, l'idée de dignité pose des problèmes aussi bien lorsqu'elle concerne le rapport à soi que le rapport à l'autre.

Rapport à soi

La notion kantienne de *dignité* est intimement liée à l'idée que nous avons des devoirs envers nous-mêmes. Dans la mesure où la notion de devoir envers soi-même est contestable, celle de dignité devrait l'être aussi.

---

1. Allen W. Wood, *Kantian Ethics*, Cambridge, Cambridge University Press, 2008. Pour une comparaison entre la conception kantienne de la dignité et d'autres, depuis Boèce jusqu'à Raz et Rawls, voir Baertschi, *Enquête philosophique sur la dignité. Anthropologie et éthique des biotechnologies*, p. 147-167.

Le concept d'un devoir moral à l'égard des autres est facile à comprendre tant ses sources sont claires et nombreuses : promesses, contrats, engagements, droits fondamentaux des autres à ne pas être tué, torturé, mutilé ou humilié.

L'idée d'un devoir envers soi-même est beaucoup plus compliquée à saisir, parce qu'elle peut avoir des implications absurdes ou contradictoires. Pourrais-je passer un contrat légal avec moi-même ? Pourrais-je avoir des droits opposables à moi-même ? Pourrais-je avoir des devoirs de *gratitude* à l'égard de moi-même ?

Normalement, lorsque quelqu'un vous promet quelque chose, comme vous prêter cent mille euros, vous pouvez le libérer de sa promesse à tout moment (et à son grand soulagement) en lui disant par exemple « Merci, je n'en ai plus besoin ».

Quelle serait la force contraignante d'une promesse que je me ferais à moi-même et dont je pourrais me libérer à tout moment par ce genre de formule ?

Mais si la notion kantienne de *dignité* m'embarrasse, ce n'est pas simplement parce qu'elle implique des devoirs envers soi-même dont la cohérence est douteuse. Du fait qu'elle n'est pas seulement relative à nos façons de traiter les autres mais aussi à celles de nous traiter nous-mêmes, elle a le grand désavantage de menacer la liberté de faire ce qu'on veut de sa vie du moment qu'on ne cause pas de tort aux autres.

Dans le débat public d'aujourd'hui, d'ailleurs, la notion de dignité humaine est plutôt utilisée de cette façon paternaliste, non pas pour régler le rapport aux autres, mais pour protéger les gens d'eux-mêmes, comme si c'étaient des enfants turbulents et irresponsables.

Aux États-Unis, Leon Kass, ancien président du Conseil bioéthique américain, s'est déchaîné, au nom du respect de la dignité humaine, contre la chirurgie esthétique, le changement de sexe et les grossesses tardives [1].

En France les débats autour du lancer de nains, de la gestation pour autrui, de la liberté de vendre des services sexuels ont montré comment l'argument de la dignité humaine pouvait servir à contrôler le rapport à soi-même [2].

Dans tous les cas, les supporters de la dignité humaine vous diront : « Non Mesdames, non Messieurs, vous n'avez pas le droit moral de le faire, même si en le faisant vous ne causez aucun tort direct et intentionnel aux autres, même si ce que vous faites est le résultat d'une décision qui tient compte de toutes les contraintes auxquelles vous êtes confrontés dans votre vie. Car c'est

---

1. Steven Pinker, « The Stupidity of Dignity. Conservative Bioethics' Latest Most Dangerous Ploy », *The New Republic*, 28 mai 2008.
2. Cayla, « Le droit de se plaindre », p. 56-57.

contraire à votre dignité et à celle de l'humanité entière. »

C'est un raisonnement de ce genre qui pourrait finir par menacer la prise en considération si difficilement acquise du consentement des patients. Cette notion a pris une importance grandissante dans l'éthique médicale sous l'influence et les contraintes du Code de Nuremberg de 1947, relatives à l'expérimentation médicale menée sur l'homme [1]. Elle impose des limites importantes à ce qu'on peut faire subir aux patients. Mais ces derniers ne sont pas toujours en mesure d'exprimer leur consentement, en cas d'atteinte aux facultés cognitives par exemple.

La notion de dignité humaine peut alors servir de substitut à celle de consentement du patient pour fixer les limites de ce qu'on peut lui faire : quel que soit l'état de ses capacités cognitives, on ne doit pas porter atteinte à sa dignité.

Il arrive cependant qu'on procède à cette substitution dans le cas de personnes dont les facultés cognitives *ne sont pas atteintes.*

C'est ce qui se passe pour ceux qui ne se comportent pas selon certaines normes : prostituées, transsexuels, sadomasochistes, candidats au suicide, à l'automutilation, au tatouage massif,

---

1. Nail C. Manson, Onora O'Neill, *Rethinking Informed Consent in Bioethics*, Cambridge, Cambridge University Press, 2007.

etc. Même si leurs capacités cognitives sont intactes, on fait comme si elles ne l'étaient pas. On évalue leurs actions non pas en se demandant si elles sont libres, mais si elles sont dignes.

C'est ce qui se passe aussi pour certaines demandes réitérées d'aide active à la mort. On fait comme si les capacités cognitives du demandeur étaient trop détériorées par la crainte de la douleur, la solitude et la honte pour qu'elles signifient un consentement à mourir authentique. On en conclut que le seul critère encore valable pour gérer la situation du demandeur est sa dignité.

Ce mouvement est dangereux, à mon avis. Il exprime la tendance à faire jouer la dignité contre les libertés individuelles.

Rapport à l'autre
À première vue, il est difficile de voir comment l'appel à la dignité humaine comprise comme valeur intrinsèque, inviolable, pourrait nous protéger de toutes les horreurs qu'on peut nous faire subir, puisque c'est une qualité qu'on ne peut pas nous enlever [1].

Le tortionnaire pourra toujours dire : « Je te fais horriblement souffrir, c'est vrai, je t'humilie, je terrorise ta famille, je te prive de tous tes biens, mais rassure-toi, je te laisse ta dignité en tant que

---

1. Pinker, « The Stupidity of Dignity ».

personne morale, car, de toute façon, je ne peux pas te l'enlever. »

Cette menace pourrait nous conduire à penser qu'il vaut mieux laisser tomber l'idée de dignité et se contenter d'exiger, plus modestement, le respect de certains droits, comme ceux de ne pas être torturé ou humilié [1].

À cette objection, l'avocat de la dignité humaine pourra toujours répondre : « Mais ces droits, sur quoi sont-ils fondés ? Qui peut les revendiquer ? N'est-il pas utile de faire référence à la *dignité humaine* pour garantir les droits de ceux qui n'ont ni État pour les protéger, ni parole, volonté, courage ou santé pour les faire valoir ? N'est-ce pas pour ces raisons qu'on a été amené à placer la dignité humaine en position de valeur ultime, justificatrice de tous les principes et de tous les droits, dans les déclarations des droits de l'homme les plus récentes ? Ce n'est pas par hasard qu'elles ont été formulées après la Deuxième Guerre mondiale, qui fut à l'origine de tant de crimes contre des personnes sans voix, civils vulnérables et handicapés, et de tant d'apa-

---

[1]. Bernard Baertschi m'objecte qu'on pourrait dire la même chose des droits : on pourrait voler quelqu'un sans porter atteinte à son droit de ne pas être volé. C'est juste. Mais les questions que je me pose à travers mon exemple sont plutôt les suivantes. Si aucun droit n'est respecté à quoi sert-il de respecter la dignité au moins ? Une fois que tous les droits ont été respectés, pourquoi faudrait-il respecter la dignité en plus ?

trides par la suite. Par ailleurs, la notion de dignité humaine n'a-t-elle pas un contenu plus large, l'avantage de la simplicité et un pouvoir d'évocation plus grand que celle de droits ? N'est-ce pas nécessaire pour emporter l'adhésion émotionnelle de tous ? »

Aucun de ces avantages présumés ne me paraît justifier l'appel de plus en plus récurrent et toujours aussi incantatoire à la dignité humaine comme valeur à respecter dans notre rapport à l'autre.

On voit bien ce qu'il y a d'horrible dans le fait de gazer des handicapés mentaux. On comprend bien que cela revient à violer tous leurs droits. Est-il nécessaire d'ajouter que c'est contraire à leur dignité ? Je ne crois pas. C'est grandiloquent, redondant et dangereux aussi. Car c'est prendre le risque d'affaiblir ces droits en laissant penser que toute leur légitimité pourrait dépendre d'une seule valeur, dont la signification et la portée sont loin d'être claires.

La dignité humaine inutile et dangereuse

En résumé, il me semble que la notion de dignité humaine est inutile et dangereuse. Pour ce qui concerne le rapport aux autres, on peut s'en tenir à un robuste principe de non-nuisance qui spécifie *ce qu'il ne faut jamais* faire à autrui, « autrui » étant entendu dans un sens large, non limité aux adultes raisonnables. On ne doit pas porter atteinte à ses droits fondamentaux de ne pas être torturé, déporté, humilié ou éliminé, au motif qu'il est trop vieux, trop anormal, trop laid ou en trop mauvaise santé. Il est dangereux d'ajouter que c'est exclu au nom de la dignité humaine, car cela affaiblirait ces droits en les faisant dépendre d'une notion confuse.

Dans le rapport à soi-même, il faut aussi se méfier de l'idée de dignité humaine, car elle est non seulement peu cohérente conceptuellement, mais aussi dangereuse politiquement. Elle sert surtout à justifier la pénalisation de toutes sortes d'actions et de relations, dans le domaine sexuel ou celui de la procréation, de la gestation pour autrui aux relations sadomasochistes entre adultes consentants.

C'est une bonne raison, à mon avis, de s'en servir avec prudence, ou mieux encore, de ne pas l'utiliser du tout.

CHAPITRE 4

LE CARACTÈRE SACRÉ DE LA VIE

Il faut d'abord préciser la portée de l'argument du caractère sacré de la vie. Il ne peut pas s'agir d'un argument qui voudrait que toute vie soit absolument protégée, y compris celle des virus et des bactéries [1]. Ceux qui défendraient ce genre d'idée farfelue devraient logiquement exiger la criminalisation de l'usage d'antibiotiques.

Il ne peut pas s'agir non plus d'un argument qui interdirait de porter atteinte à la vie *humaine* quelle qu'elle soit, et quelles que soient les circonstances. Si c'était le cas, certains utilitaristes radicaux exigeront qu'on explique pourquoi la vie *humaine* mérite une telle protection par rapport à celle d'autres espèces vivantes, elles aussi capables de plaisir et de peine. Ils demanderont pourquoi, par exemple, la vie d'un nourrisson gravement handicapé à la naissance, réduit à l'état végétatif,

---

1. Christine Tappolet (personnel).

sans aucun espoir de penser, de marcher, de mener une vie indépendante, devrait être tellement plus protégée que celle d'un dauphin en pleine activité [1].

Mais, en réalité, on n'est pas obligé de rentrer dans ce débat embarrassant, car personne ne pense vraiment que la vie humaine au sens biologique est sacrée, même les plus conservateurs, qui vont partout claironnant qu'ils sont « provie » ou contre la « culture de la mort ».

Si ces derniers estimaient que la vie humaine avait une valeur absolue, ils devraient rester muets face à ceux qui préfèrent leur vie à leur « dignité ». Ils ne pourraient rien reprocher à ceux qui choisissent de sauver leur peau plutôt que de défendre leur « patrie ». Ils n'auraient aucune raison de condamner ceux qui, pour garder la vie, sont prêts à porter un faux témoignage contre des innocents, à trahir leurs proches, à collaborer avec des tyrans. Ils ne pourraient jamais donner une légitimité à l'autodéfense, à la peine de mort, aux « guerres justes », aux actions des martyrs et des saints qui sacrifient leur vie pour sauver des âmes [2]. Quel conservateur serait prêt à l'accepter ?

Ce n'est certainement pas chez Kant, qu'ils invoquent à tout propos pour justifier leur point

---

1. Peter Singer, *Questions d'éthique pratique* (1993), trad. Max Marcuzzi, Paris, Bayard, 1997, p. 90-91.
2. Fletcher, « L'euthanasie ; notre droit de mourir ».

de vue, qu'ils pourront trouver un soutien philosophique. Il n'a jamais dit que la vie humaine individuelle et biologique devait être préservée à tout prix, à coup de mensonges et de bassesses, même s'il a manifesté son souci du salut de l'âme de chacun et celui de la continuité de l'espèce humaine en général [1].

Une version laïque de l'argument de la vie sacrée

Dworkin a proposé une version laïque de l'argument de la vie sacrée [2]. D'après lui, il existe deux raisons différentes de s'opposer à l'avortement ou à l'euthanasie.

1. On peut le faire pour des raisons *dérivées* des intérêts personnels des fœtus et des mourants, au nom des *droits* qui protègent ces intérêts. Parmi ces droits, il y aurait ceux de vivre pour les fœtus et de mourir pour les patients en fin de vie souffrant de maladies incurables.

2. On peut le faire pour des raisons *détachées*

---

[1]. Dans les questions casuistiques relatives au suicide (*Métaphysique des mœurs II. Doctrine de la vertu,* p. 276), Kant se demande sans répondre toutefois, si c'est un suicide de se précipiter dans une mort certaine pour sauver la patrie, s'il est permis de se suicider pour prévenir une injuste condamnation à mort, s'il est injuste de se suicider pour éviter de causer le malheur d'autres hommes. Ces remarques casuistiques montrent que, pour Kant, il n'est pas évident que la vie humaine biologique soit une valeur sacrée qu'il faudrait préserver à tout prix.
[2]. Dworkin, *Life's Dominion.*

des intérêts personnels des fœtus et des mourants, au nom de la valeur intrinsèque de la vie. La valeur intrinsèque de la vie est impersonnelle. Elle est du même genre que celle que nous attribuons aux œuvres d'art ou aux merveilles de la nature (à l'incroyable diversité des espèces par exemple) [1]. Personne ne pense, évidemment, que les œuvres d'art ou les merveilles de la nature ont des intérêts personnels, protégés par des droits individuels, ou que leur existence a une valeur *pour elles*. Mais tout le monde semble estimer qu'elles possèdent une sorte de valeur intrinsèque, une valeur qu'elles pourraient avoir même si aucun humain n'était capable de la percevoir. C'est parce que les œuvres d'art et les merveilles de la nature possèdent, pour nous, ce genre de valeur intrinsèque, que, selon Dworkin, nous les traitons avec une telle déférence. Il en irait de même, ajoute-t-il, pour les fœtus. Ils n'ont, bien sûr, aucun intérêt personnel à vivre par exemple, et donc aucun droit qui pourrait être dérivé d'un tel intérêt. La vie n'a pas de valeur pour *eux*. Mais elle possède néanmoins une valeur intrinsèque, comme celle des œuvres d'art ou des merveilles de la nature.

La structure du raisonnement contre l'euthanasie est la même. On peut estimer que les mourants ont un intérêt personnel à conserver leur vie

---

1. *Ibid.*, p. 76.

le plus longtemps possible. Mais ce n'est pas vrai de tous. Dans ces conditions, il est moins problématique d'affirmer qu'il faut tout faire pour prolonger la vie des mourants, même s'ils ne le souhaitent pas, au nom de sa valeur intrinsèque.

Comme celle de l'art ou de la nature, la valeur intrinsèque de la vie pourrait être reconnue par tous, *religieux ou pas*. Lorsque Dworkin parle de « valeur sacrée de la vie », c'est à cette valeur intrinsèque qu'il fait référence. Ces considérations ont, selon lui, des implications évidentes, relatives aux droits de tous ceux qui sont impliqués dans la question de l'avortement et de l'euthanasie.

Est-ce que les fœtus ont des droits, comme celui de ne pas être atteints dans leur intégrité physique ?

Non. Car pour avoir des droits, il faut avoir des intérêts personnels.

Peut-on traiter les fœtus sans aucun respect alors ?

Non plus. Car leur vie possède une valeur intrinsèque non dérivée de leurs intérêts.

Est-ce qu'une politique d'État qui viserait à faire respecter cette valeur intrinsèque par la menace et la force serait justifiée ?

Non, car si tout le monde respecte la valeur intrinsèque de la vie, chacun lui donne un sens particulier, parfois compatible avec le droit d'avorter et parfois pas. L'État qui chercherait à promouvoir une certaine conception de la valeur de la vie le ferait au détriment des autres. Cette valeur intrinsèque justifie néanmoins le sentiment qu'on ne peut pas tout faire aux fœtus, c'est-à-dire les traiter comme de simples choses.

Pour l'euthanasie, les conclusions sont les mêmes, bien que les prémisses soient différentes. Il est difficile de contester que les patients en phase terminale puissent avoir des intérêts à continuer de vivre ou à mourir, alors que les fœtus n'en ont aucun, ni à vivre ni à ne pas vivre.

La stratégie de Dworkin consiste à souligner les points d'accord entre les participants au débat. Il estime qu'ils sont beaucoup plus nombreux et importants qu'on a pris l'habitude de le dire.
Personne ne pense vraiment que les fœtus ont des intérêts personnels et des droits qui les protègent. Tout le monde est d'accord pour affirmer que la vie possède une valeur intrinsèque. Le raisonnement vaut pour l'avortement comme pour l'euthanasie. Ce qui reste ouvert à la controverse, c'est seulement le sens de cette valeur intrinsèque et ses implications.
Autrement dit, le conflit se résume à des divergences d'opinions à l'égard desquelles l'État doit rester neutre, pour laisser chacun choisir en toute liberté de conscience.

Pourtant, Dworkin estime que la valeur intrinsèque de la vie justifie la répulsion, d'après lui générale, à l'égard des avortements pour des motifs futiles (comme partir en vacances) et même certaines mesures légales contre le traitement irrespectueux des fœtus et des mourants [1]. Elle n'est donc pas, pour lui, une valeur toujours controversée qui ne peut jamais servir à justifier l'intervention de l'État. C'est une difficulté interne.

Mais la plus grande difficulté dans le raisonnement de Dworkin n'est pas interne. Il affirme que le conflit ne peut absolument pas porter sur l'existence de droits du fœtus dérivés de leurs intérêts personnels à la vie entre autres, car personne ne pense sérieusement que de tels droits pourraient exister.

On peut se demander ce qui l'a conduit à cette conclusion, alors que les opposants à la liberté d'avorter n'ont jamais renoncé à affirmer ces droits en se fondant, par exemple, sur des adages juridiques qui donnent des droits de succession à l'enfant *dès sa conception* [2].

Une autre objection qu'on peut faire à la construction de Dworkin, c'est qu'il essaie d'expliquer la gêne qu'on peut ressentir à l'égard de

---

1. *Life's Dominion*, p. 33-34.
2. Tsarapatsanis, *Les fondements éthiques des discours juridiques sur le statut de la vie humaine anténatale*, p. 133.

ceux qui traitent les fœtus et les embryons de façon irrespectueuse en invoquant la valeur intrinsèque de la vie. Est-il nécessaire de faire intervenir une notion aussi grandiloquente ? Ne peut-on pas se contenter d'évoquer, comme je l'ai déjà suggéré, le tact démocratique à l'égard de tous ceux qui ont des convictions religieuses ?

Finalement, l'argument du caractère sacré de la vie humaine, dans sa version religieuse, n'est avancé, la plupart du temps, que pour contester le droit d'avorter ou celui de mourir dans des conditions qu'on a choisies. C'est un argument *ad hoc*, qui ne sert que dans ces deux cas précis. Car personne, en réalité, ne pense que la valeur de la vie humaine pourrait être absolue, même les plus conservateurs.

La version laïque de l'argument, proposée par Dworkin, qui traduit « sacré » par « valeur intrinsèque de la vie reconnue par tous » ne peut pas désarmer les opposants à l'avortement, pour qui les fœtus ont un droit à la vie.

Elle peut tout juste affaiblir ceux qui défendent le droit d'avorter en avançant l'idée d'une valeur intrinsèque de la vie, qui pourrait justifier certaines restrictions à ce droit, lorsqu'il est exercé de façon trop désinvolte, pour des motifs dits « futiles ».

DEUXIÈME PARTIE

La liberté de ne pas procréer et le droit de mourir

J'ai isolé, afin de les évaluer, quatre arguments qui servent à justifier les législations répressives en matière de procréation et de fin de vie : protection des plus vulnérables, pente fatale, dignité humaine, caractère sacré de la vie.

Les deux premiers sont exploités de façon abusive. Les deux autres sont inutiles au mieux, dangereux pour les libertés individuelles, au pire.

Dans cette seconde partie, mon intention est moins descriptive, plus normative. Je pourrais dire aussi plus polémique. Elle est de montrer que nous ne nous porterions pas plus mal si ces lois étaient amendées dans un sens moins paternaliste, plus respectueux des libertés individuelles.

Comme toute production de l'esprit humain (œuvres d'art, hypothèses scientifiques, objets techniques, etc.), les lois peuvent être évaluées à différents points de vue.

On peut les juger à leurs justifications juridiques mais aussi non juridiques : leur cohérence, leurs conséquences politiques ou sociales, leur arrière-plan moral.

J'utiliserai tous ces moyens pour montrer que les lois qui ne laissent pas aux principaux concernés la décision finale en ce qui concerne leur propre mort et leur propre descendance sont injustes.

Je ne ferai appel à des cas qui ont provoqué l'« émotion générale » que de façon minimale, purement descriptive, sans essayer de les exploiter pour conforter le point de vue que je défends.

CHAPITRE 1

EUTHANASIE ET SUICIDE ASSISTÉ : LA CRIMINALISATION EST-ELLE LÉGITIME ?

En ce qui concerne la fin de vie, les choix personnels sont limités par des sanctions pénales dans la plupart des États démocratiques. En France, la loi Leonetti de 2005 a instauré une sorte de droit au laisser-mourir. Elle limite l'acharnement thérapeutique. Elle admet qu'un médecin puisse provoquer la mort à condition de ne pas avoir eu l'intention de la donner, en administrant par exemple des médicaments destinés à combattre la douleur, dans certaines conditions assez clairement définies : maladie incurable, souffrances intenses, consentement personnel ou par délégation, etc. Elle continue cependant d'exclure toute aide active à mourir, c'est-à-dire toute intervention médicale dans l'intention explicite de provoquer la mort d'une personne qui l'aurait demandé directement ou indirectement, ce qu'on appelle « euthanasie »

(« mort douce » selon l'étymologie) dans le débat public, ainsi que toute assistance médicale au suicide dans ces mêmes conditions, ce qu'on appelle « suicide assisté ». Cette loi ne sera pas révisée pour le moment [1].

Faute de législation spécifique, l'intervention médicale dans l'intention de provoquer la mort, même avec le consentement du patient, pourrait, en principe, être qualifiée d'homicide volontaire, d'assassinat, d'empoisonnement avec préméditation ou encore de non-assistance à personne en danger, et passible des mêmes peines, qui sont parmi les plus lourdes pour les premières qualifications [2].

Dans une affaire récente, devenue fameuse parce qu'elle se déroulait parallèlement au chevet du patient et dans les médias, un médecin injecte un produit mortel à un jeune homme tétraplégique qui le demandait de façon insistante. Il est mis en examen pour « empoisonnement avec préméditation » et encourt la prison à perpétuité.

Avant l'intervention du médecin, la mère du jeune homme avait fait une première tentative, qui avait échoué finalement, de lui procurer une « mort douce » en injectant des barbituriques

---

1. Cécile Prieur, « La légalisation de l'euthanasie rejetée », *Le Monde*, 3 décembre 2008.
2. Comité consultatif national d'éthique, Rapport n° 63, « Fin de vie, arrêt de vie, euthanasie », 27 janvier 2000.

dans sa perfusion. Elle est mise en examen pour « administration de substances toxiques avec préméditation sur une personne vulnérable », ce qui l'expose à cinq ans d'emprisonnement [1].

Cette affaire dite « Vincent Humbert » du nom du jeune homme, se conclut par un non-lieu, après un peu moins de deux ans d'instruction, le cas étant jugé exceptionnel par le procureur qui renonce aux poursuites en invoquant, entre autres, le contexte passionnel et la pression médiatique [2].

Dans certains pays européens et dans un État américain, ces interventions dans le but de provoquer une « mort douce » ont été partiellement décriminalisées, mais elles restent toujours sérieusement encadrées par la loi, en dépit des affirmations fantaisistes de ceux qui s'opposent à toute forme de libéralisation dans ces domaines.

Aux Pays-Bas, une loi dépénalise l'aide active à mourir à la demande expresse d'un patient, mais sous certaines conditions très strictes relatives à son état (la souffrance du malade doit être insupportable et sans perspective d'amélioration, mais il ne doit pas être nécessairement en fin de vie), aux garanties du consentement, et à la possibilité de contrôler publiquement la conformité à cer-

---

1. Kahn, *L'ultime liberté*, p. 72-75.
2. *Ibid.*

tains critères du déroulement de l'acte, que seul un médecin peut accomplir. Le fait de ne pas respecter ces conditions est passible d'un emprisonnement de douze ans. Par ailleurs, le suicide assisté demeure interdit [1].

En Suisse, c'est la situation opposée qui prévaut, puisque le suicide assisté est décriminalisé sous certaines conditions (il faut que la motivation de ceux qui participent à la procédure soit « compassionnelle » par opposition à « égoïste » ou « intéressée ») et non l'aide active à mourir. Là aussi, il existe des dispositions pénales pour punir ceux qui n'ont pas respecté les conditions, ce qui montre bien qu'en Suisse aussi, l'État est loin d'être désengagé en ces matières [2].

Aux États-Unis, l'aide active à mourir est prohibée sur tout le territoire et le suicide médicalement assisté dans tous les États, à la seule exception de l'Oregon.

Dans cet État, l'encadrement de la délivrance du médicament mortel au patient qui en fait la demande claire et insistante est très strict aussi. Le fait que le demandeur agit volontairement, sans être contraint par quiconque, doit être garanti par

---

1. Voir l'annexe « L'euthanasie aux Pays-Bas », dans Goffi, *Penser l'euthanasie*, et le texte de la loi sur le contrôle de l'interruption de la vie et de l'aide au suicide aux Pays-Bas, dans Bondolfi, Haldemann, Maillard (dir.), *La mort assistée en arguments*, Annexe 1, p. 359-363.
2. *Ibid.*, p. 364.

des témoins. Certains, au moins, de ces témoins ne doivent pas être membres de la famille (qui se voit privée de la possibilité de se débarrasser facilement d'un membre). Ils ne doivent pas avoir un intérêt dans sa disparition (des héritiers potentiels par exemple) et ils ne peuvent pas être des médecins qui pourraient agir de concert pour des motifs professionnels. Les infractions à ces règles sont pénalisées [1].

Même si, en France, les juges font preuve d'une certaine mansuétude pour ce qui concerne l'aide active à la mort [2], cette législation coercitive existe. Or, l'existence d'une telle législation a pour conséquence que les libertés des personnes en ces matières sont suspendues à la bonne volonté de ceux à qui l'État a délégué les pouvoirs de l'appliquer. C'est une limitation formelle aux libertés qui demande certainement à être justifiée.

La place de la liberté dans le débat public
autour de la mort assistée

Lorsque les moralistes parlent d'« ultime liberté », pour qualifier la possibilité qui resterait toujours de se suicider quand on se trouve dans un

---

1. *Ibid.*, p. 356-359.
2. Voir l'affaire Humbert et d'autres, dans Kahn, *L'ultime liberté*.

état de détresse psychologique et physique extrême, on peut avoir l'impression, légitime, qu'il s'agit d'un discours pompeux irréaliste [1].

Mais cela ne veut pas dire que le mot « liberté » n'ait aucune place dans le débat public autour de la mort assistée.

À cet égard, on aurait intérêt, me semble-t-il, à distinguer quatre formes de liberté : empirique, métaphysique et politique, cette dernière se présentant sous deux aspects, *négatif* et *positif*.

1. La liberté empirique de se suicider serait celle de commettre cet acte sans y être poussé par des forces psychologiques ou sociales puissantes qui ne sont pas nécessairement conscientes. Elle n'a pas beaucoup de sens pour les psychologues et les sociologues, qui ont plutôt tendance, par vocation professionnelle pour ainsi dire, à expliquer le suicide par des causes liées à l'histoire personnelle du suicidé, à sa situation sociale et, pourquoi pas, à ses antécédents génétiques.

2. Les métaphysiciens répondent que ces contraintes physiques, psychologiques et sociales, n'empêchent nullement que l'action de se suicider dépend de nous, au sens fort où nous aurions pu ne pas l'accomplir et au sens plus faible où nous en sommes responsables et pas quelqu'un d'autre.

---

1. *Ibid.*

3. On peut comprendre la *liberté politique négative* de mourir si on ne veut pas continuer à vivre simplement, comme la dépénalisation des tentatives de suicide et du suicide lui-même, c'est-à-dire l'abolition de la peine qui consistait à voir le corps du suicidé traîné dans les rues et sa famille dépouillée de tous ses biens comme cela se faisait sous l'Ancien Régime. Il a fallu de longues luttes pour l'obtenir, il ne faudrait pas l'oublier [1]. Aujourd'hui, la liberté négative de mourir n'est rien d'autre que la décriminalisation de la mort assistée : suicide assisté ou euthanasie (ou « mort douce ») à la demande claire et insistante des patients, par une intervention de praticiens vue comme active ou passive selon les cas, dont les conséquences sont toujours la mort du patient.

4. La *liberté politique positive* de mourir si on ne veut pas continuer à vivre est plus problématique que la précédente. Elle est supposée exprimer un « intérêt profond » du candidat. Est-il pertinent de parler d'un « intérêt profond » à être mort ? Quel pourrait être exactement le bénéfice de mourir pour le mort lui-même, s'il n'est plus là pour en profiter [2] ?

---

[1]. Georges Levasseur, « Le suicide en droit pénal », dans François Terré (dir.), *Le suicide*, Paris, PUF, 1994, p. 121-131.
[2]. McMahan, *The Ethics of Killing*, p. 130.

La seule liberté que je voudrais défendre ici, en m'intéressant au cas particulier de la législation française, c'est la liberté politique négative : la décriminalisation du suicide et de la mort assistée.

C'est une liberté modeste, peu exaltante, je le reconnais bien volontiers, mais c'est la plus importante à mes yeux ou, plus exactement, la seule dont la défense ait du sens à mon avis.

La neutralité éthique de l'État et la législation sur la fin de vie en France

L'émotion causée par le sort de Chantal Sébire, qui, atteinte d'une tumeur qui lui déformait gravement le visage, s'était vu refuser le droit de se faire prescrire un produit mortel, a contribué à la remise en question de la loi dite « Leonetti ».

Mais il existe beaucoup d'autres raisons, moins directement liées à cette réaction émotionnelle, de la réviser.

L'une des plus importantes, à mon avis, c'est qu'elle ne respecte pas le principe de neutralité éthique de l'État. Ce principe peut être interprété de deux manières [1].

---

1. Sur ce principe complexe que j'examinerai de façon plus approfondie en conclusion, la littérature est immense comme toute celle qui concerne une idée défendue au départ par John Rawls. Voir John Rawls, *Libéralisme politique* (1993), trad. Catherine Audard, Paris, PUF, 1995 ;

1. Il concerne la *justification publique* des actions de l'État : elle ne doit pas faire appel à des conceptions religieuses ou morales, surtout lorsqu'elles sont controversées.
2. Il vise à protéger le *pluralisme moral* tel qu'il s'exprime dans le style de vie des personnes.

La loi Leonetti n'est neutre ni au premier ni au deuxième sens de cette notion.

Neutralité des justifications

Dans les sociétés démocratiques, laïques et pluralistes, l'État ne peut pas justifier ses lois en invoquant des principes kantiens, aristotéliciens, thomistes ou conséquentialistes, d'abord parce qu'aucun ne fait l'unanimité, aucun n'est à l'abri de la controverse [1].

Charles Larmore, « The Moral Basis of Political Liberalism », *The Journal of Philosophy*, vol. XCVI, 12, décembre 1999, p. 599-625, repris dans *The Autonomy of Morality*, Cambridge, Cambridge University Press, 2008, p. 139-167, et Richard Arneson, « Liberal Neutrality and the Good : An Autopsy », dans Steven Wall et George Klosko (dir.), *Perfectionnism and Neutrality. Essays in Liberal Theory*, Lanham, Rowman & Littlefield, 2003, p. 192-218. Pour un tableau complet du débat autour de la notion, en français, parfaitement informé et critique, Roberto Merrill, « Neutralité politique et pluralisme des valeurs », thèse de doctorat sous la direction de Monique Canto-Sperber et Daniel Weinstock, EHESS, mai 2008.

1. Personnellement, je défends l'idée que ces principes moraux ne

Or la loi Leonetti est fondée sur des distinctions morales controversées inspirées de ces théories.

L'une d'elles, chère aux déontologistes kantiens, oppose « tuer » et « laisser mourir ».

Une autre s'inspire de la doctrine dite du « double effet » qu'on attribue à Thomas d'Aquin [1]. Selon cette doctrine, lorsqu'une action possède deux conséquences clairement prévisibles, l'une bonne et voulue par l'agent (comme soulager les souffrances insupportables d'un patient), et l'autre mauvaise et non voulue par l'agent (comme entraîner la mort de ce même patient), l'agent est responsable moralement de celle qu'il a voulue et d'elle seulement.

Je ne vois pas très bien comment des citoyens qui ont des convictions morales conséquentialistes, opposées au thomisme et au kantisme, pourraient accepter ces deux distinctions, dont ils dénoncent systématiquement l'incohérence ou l'hypocrisie [2].

Par ailleurs, la loi Leonetti exclut toute dépénalisation du suicide médicalement assisté, qui n'est finalement qu'une sorte de contrat fondé sur

---

pourraient pas servir à justifier les lois d'un État libéral même si elles n'étaient pas controversées. Mais je laisse ce débat pour la conclusion.

1. Thomas d'Aquin, *Somme théologique*, 2-2.64.7 ; Philippa Foot, « The Problem of Abortion and the Doctrine of Double Effect » (1967), repris dans son *Virtues and Vices*, Oxford, Basil Blackwell, 1978, p. 19-32.

2. Rachels, « Euthanasie active et euthanasie passive ».

le respect de la liberté individuelle et le consentement mutuel. Or ce refus revient à admettre implicitement que le consentement libre ne suffit pas à garantir le caractère moralement licite d'une relation et que nous n'avons pas la liberté de faire ce que nous voulons de nos vies du moment que nous ne nuisons pas aux autres.

Je ne vois pas très bien comment un libertarien pourrait accepter ces idées qui vont complètement à l'opposé de ses propres convictions [1].

Protection du pluralisme des styles de vie

Dans une société démocratique, laïque et pluraliste, il faut, bien sûr, garantir au plus grand nombre la possibilité d'accéder à des soins palliatifs de qualité.

Mais ne faut-il pas aussi offrir à ceux qui en expriment la volonté de façon suffisamment claire d'autres possibilités, comme l'assistance au suicide ou l'aide active à mourir, aussi choquantes soient-elles pour ceux qui ont des convictions morales ou religieuses qui s'y opposent ?

Les législations des États qui ne sanctionnent pas l'euthanasie active ou le suicide médicalement

---

1. Peter Vallentyne, « Libertarisme, propriété de soi et homicide consensuel », *Revue philosophique de Louvain*, 101, 2003, p. 5-25.

assisté n'obligent évidemment personne à demander ces interventions. Mais elles n'interdisent pas non plus à certains citoyens, fussent-ils minoritaires, d'y recourir et de vivre ainsi selon leurs convictions morales. Elles vont dans le sens du respect du pluralisme moral.

Ce n'est pas le cas de la loi Leonetti.

Les objections moralement neutres à la légalisation de la mort assistée

Parmi les objections à la décriminalisation de la mort assistée, celles qui ne sont pas moralistes ou religieuses méritent une attention particulière, car ce sont les plus légitimes dans le débat public des sociétés démocratiques.

Il y en a trois : dérives inégalitaires ; angoisse à l'idée qu'un principe central de la déontologie médicale soit remis en cause ; dérive de la liberté de se suicider en droit au suicide.

Aucune n'est décisive.

1. *Dérives inégalitaires*

Au lieu de donner plus de liberté à chacun, la dépénalisation du suicide assisté et l'instauration d'une aide active à mourir pourraient finalement *restreindre les choix de tous*, en portant atteinte aux efforts pour mettre en place un système de soins palliatifs satisfaisant. En effet, un tel système de soins étant très coûteux et très exigeant psychologiquement et socialement, les médecins, les proches et les systèmes d'assurances pourraient être tentés d'orienter les patients les plus pauvres et les plus vulnérables vers ces solutions plus économiques en temps et en argent que sont le suicide assisté ou l'aide active à mourir, si elles étaient dépénalisées [1].

C'est une possibilité qu'on ne peut évidemment pas exclure. Peut-elle justifier les limitations à la liberté individuelle de choisir sa mort ? Ne devrait-elle pas plutôt nous pousser à exiger un meilleur financement des soins palliatifs et une meilleure information à leur sujet, afin que le choix de ne pas y recourir ne soit pas suspect ?

2. *Déontologie médicale*

Il serait dangereux de revenir sur la règle qui interdit aux médecins de donner intentionnellement la mort, fût-ce à la demande clairement exprimée et réitérée d'un patient, car cela contribuerait à créer un climat d'insécurité sur l'activité médicale.

Mais cette règle peut entrer en contradiction avec une autre règle, aussi importante, qui demande de limiter les souffrances des patients dans

---

1. Dworkin, *Life's Dominion*, p. xiii.

la mesure du possible. La question de savoir quelle règle doit prévaloir dans certains cas particuliers est loin d'avoir reçu une réponse satisfaisante. Par ailleurs, la déontologie médicale est supposée faire, aujourd'hui, une plus grande place aux droits des patients et à l'expression de leur volonté, en rupture avec une longue tradition paternaliste [1]. Le refus d'accéder aux demandes des mourants n'est-il pas en contradiction avec ce souci antipaternaliste ?

3. *Dérive de la liberté de se suicider*

Le suicide est une liberté et non un droit. S'il existait un droit au suicide et pas seulement une liberté de se suicider, ceux qui sont en mesure d'aider au suicide (les médecins entre autres) seraient dans l'obligation de le faire.

Toutefois si, dans l'état actuel de notre législation, le suicide n'est pas un droit qui impose une obligation d'aider, il reste une liberté qui n'exclut pas des formes d'assistance si elles ne sont pas des incitations [2].

En réalité, les principaux arguments pour la criminalisation de la mort assistée ne sont pas décisifs. La crainte des dérives inégalitaires de-

---

[1]. Claude Evin, « Les droits du malade », *Pouvoirs*, 89, 1999, p.15-30.
[2]. Levasseur, « Le suicide en droit pénal ».

manderait à être mieux étayée, et les arguments tirés de la déontologie médicale et des limites à la liberté de se suicider sont contestables. Cependant, pour justifier pleinement sa décriminalisation, il faudrait pouvoir ajouter des arguments plus constructifs en sa faveur. J'en vois trois.

1. La compensation du handicap d'être dans l'incapacité physique de se suicider.
2. La prise en compte du point de vue du mourant.
3. Le respect de la parole du candidat à la « mort douce ».

Faut-il compenser le handicap qui consiste à ne pas avoir les capacités physiques de se suicider ?

En matière de fin de vie, les dispositions légales présentes sont inéquitables. Elles ne sont pas à l'avantage des plus défavorisés. Elles *exigent beaucoup plus* de ceux qui n'ont plus les capacités physiques de se donner la mort par eux-mêmes. Si vous êtes incapable de bouger, vous avez moins de possibilités légales que si vous êtes physiquement fonctionnel. En effet, si vous avez conservé certaines capacités d'agir et si vous voulez mettre un terme à une vie qu'il vous paraît futile d'essayer de prolonger coûte que coûte, parce qu'elle est complètement intolérable et de toute façon sans aucune perspective de durée, vous avez la possibilité de vous suicider. Mais si vous n'avez pas les moyens physiques d'accomplir cet acte, il vous faudra continuer à souffrir. Les dispositions légales présentes ne visent aucunement à vous donner les moyens de *compenser ces handicaps naturels* pour bénéficier de la liberté commune de se suicider. Elles vous privent de cette liberté en réalité.

Tuer et laisser mourir : le point de vue du mourant

La différence morale entre les interventions actives et passives des médecins dans le processus qui doit aboutir à la mort du patient a reçu toutes sortes de justifications philosophiques. La principale revient à souligner la différence morale profonde entre tuer et laisser mourir. On la trouve dans les théories déontologiques inspirées de Kant ou dans l'éthique des vertus.

Les théories déontologiques insistent sur la valeur de l'action elle-même, comme elle peut être comprise à partir de ses *intentions* et indépendamment de ses conséquences. S'il fallait, disent-elles, juger une action à ses conséquences sans tenir compte des intentions, il faudrait mettre dans le même sac moral l'homicide volontaire prémédité et l'homicide purement accidentel, ce que personne n'est vraiment disposé à faire aujourd'hui dans des contextes « normaux ».

Du point de vue de l'éthique des vertus, celui qui est capable de tuer montre un tout autre caractère que celui qui n'en est pas capable [1]. On peut avoir des raisons de préférer le second au premier ou le premier au second, ou les juger aussi admirables ou détestables. Mais ce qui est sûr, pour l'éthicien des vertus, c'est que ce ne sont pas les mêmes caractères, et que la différence entre les deux doit être soulignée.

Toute la question, bien sûr, est de savoir en quoi le fait d'avoir bon ou mauvais caractère est pertinent moralement. Si la pertinence morale du fait d'avoir bon caractère vient de ses conséquences dans nos conduites à l'égard des autres, on tombe dans le conséquentialisme. Si on estime qu'il est bien d'avoir bon caractère car cela nous dispose à faire des actions justes, on tombe dans la déontologie. Restons-en donc à la déontologie et au conséquentialisme.

Une objection à la distinction *déontologique* entre tuer et laisser mourir pourrait suggérer qu'elle est autodestructrice. Si, en effet, on se place au plan des intentions, comme le demande

---

1. Judith Jarvis Thomson, « Physician-Assisted Suicide : Two Moral Arguments », *Ethics, Special Issue : Symposium on Physician-Assisted Suicide*, 109, 3, avril 1999, p. 497-518 (p. 517).

le déontologiste, il n'est pas toujours facile de voir la différence morale entre tuer et laisser mourir [1].

1. Vous êtes impatient d'hériter de votre oncle. Vous le trouvez seul chez lui, gisant sur son lit, terrassé par un infarctus. Un médecin pourrait encore le sauver. Vous n'appelez pas de médecin. Vous le *laissez mourir dans l'intention d'hériter*.
2. Vous êtes impatient d'hériter de votre oncle. Vous l'écrasez avec votre voiture. Vous le *tuez dans l'intention d'hériter*.

Si le déontologiste reste au plan de l'intention, comment peut-il distinguer le premier cas, qui est un exemple de laisser mourir, du second, qui est un exemple de tuer, puisqu'elle est la même ?

Mais le déontologiste peut objecter qu'il ne faut pas confondre les intentions et les motivations. Dans les deux cas, la motivation est certes la même (hériter), mais l'intention est différente (tuer, laisser mourir) [2].

Il aura peut-être plus de mal à sauver la distinction morale entre tuer et laisser mourir dans les cas où l'effort demandé pour ne pas laisser quelqu'un mourir est négligeable. Quelle différence morale y aurait-il entre tuer un enfant et le

---

[1]. Ce qui suit est une variante d'un exemple de James Rachels, « Euthanasie active et euthanasie passive ».
[2]. Bernard Baertschi (communication personnelle).

laisser mourir, si on pouvait le sauver simplement en cliquant sur une touche de notre ordinateur [1] ?

Bien que la distinction entre tuer et laisser mourir ne soit pas aisée à justifier du point de vue philosophique, elle est massivement représentée dans nos intuitions morales spontanées, dans nos jugements de tous les jours sur nos activités et celles des autres.

Ainsi, des études empiriques montrent que les médecins ont toujours à l'esprit une sorte de division entre le caractère « actif » ou « passif » de leurs interventions dans le processus qui doit aboutir à la mort du patient. Celles qu'ils voient comme étant plus « passives » sont moins problématiques de leur point de vue, sans être jamais anodines [2].

Mais ce que ces études montrent aussi, à l'encontre des idées reçues, c'est que les actes jugés « actifs » ou « passifs » par le personnel soignant sur les lieux de travail ne sont pas nécessairement ceux qui sont présentés comme tels dans le débat public.

Ainsi, on insiste, dans ce débat, sur la différence morale entre faire une injection mortelle, qui serait de l'ordre de l'actif, et cesser d'alimen-

---

1. Ruwen Ogien, Christine Tappolet, *Les concepts de l'éthique. Faut-il être conséquentialiste ?*, Paris, Hermann, 2008, p. 175.
2. Cf. les recherches de Marta Spranzi que je remercie, pour me les avoir communiquées avant publication : « Is Passive Euthanasia Morally Superior to Active Euthanasia ? Evidence from Pre-Reflective Judgments in the Ward ».

ter ou d'hydrater qui serait de l'ordre du passif. Cependant, le personnel soignant a tendance à voir la différence entre l'actif et le passif de façon plus complexe et plus nuancée. Il peut estimer qu'il est plus actif, et donc plus problématique, de cesser d'alimenter un bébé qu'un adulte. C'est un résultat qu'il aurait été difficile de prédire à partir des catégories philosophiques générales qui ne distinguent pas l'actif et le passif selon les qualités des patients [1].

Quoi qu'il en soit, toutes ces distinctions réflexives et intuitives se font du point de vue des agents : médecins, assassins, égoïstes ou philanthropes. Ce qui manque, c'est *le point de vue du patient*, en l'occurrence des patients incurables en fin de vie. Or c'est de ce point de vue surtout que les différences philosophiques réflexives entre tuer et laisser mourir, entre intentions et conséquences, et les distinctions intuitives entre l'actif et le passif paraissent le moins pertinentes [2].

Pour le patient incurable qui veut continuer de vivre, peu importe que les médecins interviennent activement pour le faire mourir ou qu'ils le laissent mourir en mettant un terme aux soins qui le maintenaient en vie.

Le patient *ne veut ni l'un ni l'autre*. Il juge les

---

1. *Ibid.*
2. Dworkin *et alii*, « Suicide assisté : le mémoire des philosophes », p. 47.

deux aussi mauvais. Il se moque des intentions du médecin et de ses distinctions subtiles entre les bons effets voulus et les mauvais effets non voulus de son action. De son point de vue de patient qui ne veut pas mourir, il ne voit pas la différence morale.

Il devrait en aller de même pour un malade incurable qui *ne veut plus vivre*. Peu importe que les médecins interviennent activement pour le faire mourir ou qu'ils le laissent mourir en mettant un terme aux soins qui le maintenaient en vie. Le patient *veut l'un ou l'autre*. Il juge les deux aussi bons. Il se moque des intentions du médecin et de ses distinctions subtiles entre les effets positifs voulus et les effets négatifs non voulus de son action [1]. De son point de vue de patient qui ne veut plus vivre, il ne voit pas la différence morale.

Si l'hypothèse est correcte, on pourrait se demander : s'il n'y a pas de différence *morale* pour les patients, pourquoi devrait-il y en avoir pour les médecins ?

Cette différence morale ne peut pas provenir de la déontologie médicale seulement, car cette dernière fixe des règles professionnelles et non morales. Rien n'exclut que la déontologie médi-

---

1. Thomson, « Physician-Assisted Suicide : Two Moral Arguments », p. 516.

cale soit contestée ou modifiée au nom de principes moraux jugés supérieurs. C'est ce qui se passe lorsque le paternalisme médical est remis en cause et les droits des malades affirmés [1].

Elle ne peut pas provenir non plus des réticences des médecins à être considérés comme de purs prestataires de services exigés par les patients [2]. Il s'agirait alors d'une réaction de vanité professionnelle et non du respect d'un principe moral.

Cependant, même si on admettait que les médecins devraient se contenter d'essayer de répondre aux demandes des patients sans les traiter de façon condescendante, un problème resterait en suspens : celui de la signification exacte de ces demandes.

Pourquoi donne-t-on moins de valeur
à la demande de mourir qu'à celle de vivre ?

Lorsqu'un patient incurable, qui a conservé ses capacités cognitives, ne formule aucune demande d'aide active à mourir ou de suicide assisté, lorsqu'il préfère rester en vie, même dans des conditions difficilement supportables, alors que le coût

---

1. Evin, « Les droits du malade ».
2. Engelhardt, « The Ordination of Bioethicists as Secular Moral Experts » ; Jouannet, « Principes éthiques, pouvoir médical et responsabilités du praticien ».

est extrêmement élevé pour lui-même, ses proches et la société, on estime que sa décision doit être respectée. Les affirmations du patient qui veut continuer à vivre dans ces conditions sont *prises à la lettre*. On ne cherche pas leur sens psychologique caché. Personne n'est censé pouvoir dire, publiquement du moins : « Le fait qu'il veut continuer à vivre dans ces conditions est pathologique. Son attitude s'explique par une certaine psychorigidité, un dédain arrogant pour son entourage et une peur irrationnelle de la mort. Il ne faut pas en tenir compte. »

Mais lorsqu'un patient incurable, qui a conservé ses capacités cognitives, formule une demande d'aide active à mourir ou de suicide assisté réitérée, lorsqu'il affirme qu'il ne veut pas rester en vie dans certaines conditions qu'il juge répugnantes, on change de façon de raisonner. On considère que ses affirmations n'ont pas de sens littéral. C'est un « appel » qu'il faut décoder. Il exprime la honte, la solitude, la souffrance ou d'autres choses du même genre, mais ce n'est pas la manifestation d'une authentique volonté de mettre fin à sa vie [1].

À première vue, ce traitement intellectuel iné-

---

1. Marie de Hennezel, « Permettre la mort », dans *Doit-on légaliser l'euthanasie ?*, André Comte-Sponville, Marie de Hennezel, Axel Kahn, sous la direction d'Alain Houziaux, Paris, Éditions de l'Atelier, 2004, p. 75-101.

gal de la demande à vivre et à mourir n'a rien d'irrationnel. Du fait que la demande à mourir, si elle aboutit, conduit à un acte irréversible (la mort du demandeur), il est logique qu'on soit plus réticent à y répondre favorablement.

Toutefois, pour l'évaluer raisonnablement, il ne faudrait pas oublier qu'elle est formulée par des patients adultes incurables en fin de vie et non par des adolescents dépités par un échec amoureux [1].

Il se pourrait aussi que la demande à mourir soit, de fait, plus souvent mêlée à des pathologies que la volonté de rester en vie même dans les conditions les plus répugnantes, ce qui justifierait la méfiance à son égard.

Il ne faudrait pas exclure, cependant, la possibilité que le traitement intellectuel inégal de la demande à vivre et à mourir ne soit pas dépendant de ces faits, mais de certains préjugés, dont il existe des expressions dans d'autres domaines.

Ainsi, on ne se demande jamais si l'hétérosexualité est une maladie mentale ou si c'est un genre de relation dans lequel on s'engage vraiment librement, en dépit des aspects parfois grotesques ou démentiels de la ségrégation sexuelle.

---

1. Dworkin *et alii*, « Suicide assisté : le mémoire des philosophes », p. 31.

Mais ce sont des questions qu'on se pose à propos de l'homosexualité : les homosexuels sont-ils malades ? S'engagent-ils librement dans cette activité ou sont-ils déterminés génétiquement à le faire ?

De la même façon, on ne se demandera probablement jamais s'il est pathologique de vouloir continuer à vivre même pour un temps très court, alors qu'on souffre d'une maladie incurable, douloureuse, qui interdit toute forme d'autonomie. On n'ira pas inspecter les pensées, les affects, la vie sexuelle, sociale ou familiale pour le comprendre. Mais on le fera sans trop de scrupules pour une demande à mourir dans le même genre de situation.

C'est une forme d'« acharnement herméneutique [1] » ou d'inquisition sur les motifs qu'il faut distinguer des interrogations sur les intentions.

Cette distinction me paraît très importante. Est-elle fondée ? Elle n'est pas difficile à comprendre en tout cas. On sait bien que plusieurs personnes différentes peuvent avoir la *même intention* (tuer quelqu'un par exemple), chacune

---

[1]. Je dois l'expression à Alexandre Mauron, que je remercie tout particulièrement. Voir « La médecine moderne et l'assistance au suicide en Suisse. Synthèse du point de vue de la Commission nationale d'éthique. Symposium de Zurich, 17-18 septembre 2004 », dans C. Rehmann-Sutter, A. Bondolfi, J. Fischer, et M. Leuthold (dir.), *Beihilfe Suizid in der Schweiz. Beiträge aus Ethik, Recht und Medizin*, Berne, Peter Lang Publishers, 2006, p. 309-319.

pour des *motifs différents* (hériter, se débarrasser d'un rival, se venger, entre beaucoup d'autres) [1].

Savoir si le mourant a l'*intention* de continuer à vivre aussi longtemps que possible ou non est une chose. Connaître les motifs exacts de cette intention en est une autre.

La première question a une valeur morale et légale évidente (c'est l'intention qui fait toute la différence entre un suicide et une mort accidentelle par exemple). La seconde question n'est pas toujours pertinente du point de vue politique ou moral.

---

[1]. C'est un principe bien connu du cinéma burlesque. Pour une justification plus théorique de cette distinction, voir G.E.M. Anscombe, *L'Intention* (1957), trad. Mathieu Maurice, Cyrille Michon, préface Vincent Descombes, Paris, Gallimard 2002.

CHAPITRE 2

LA LIBERTÉ DE NE PAS PROCRÉER : POURQUOI RESTE-T-ELLE MENACÉE ?

Il existe en France, depuis janvier 1975, une loi qui dépénalise partiellement l'interruption volontaire de grossesse. Elle a été modifiée dans un sens plutôt libéral en juillet 2001 [1]. Depuis, en effet, un ensemble de dispositions protègent l'avortement des pressions violentes de ceux qui continuent de s'y opposer et des objections de conscience de certains médecins. Elles dispensent aussi la candidate à l'avortement d'expliquer ses motifs et de subir les interrogatoires moralistes des médecins, des agents de services sociaux et d'autres, pendant les douze premières semaines de sa grossesse. Ces dispositions tendent à faire passer l'avortement du statut d'une liberté tolérée

---

1. Loi du 4 juillet 2001 relative à l'interruption volontaire de grossesse et à la contraception, *Journal officiel*, 7 juillet 2001.

à celui d'un droit authentique, puisqu'elles imposent à tous des devoirs de ne pas l'entraver.

Mais au-delà de douze semaines, l'interruption volontaire de grossesse cesse de relever de la simple volonté des principaux concernés. À partir de là, elle n'est licite que pour des raisons jugées valables par un collège de praticiens spécialisés, relatives ou bien à la santé de la mère ou bien à l'état du fœtus [1]. Rien n'empêche ces praticiens, qui agissent en représentants de la loi dans ce cas précis, de décider, contre le jugement des parents, que certaines pathologies du fœtus (l'absence d'un membre, un bec-de-lièvre, par exemple) ne sont pas telles qu'elles justifient une interruption de grossesse.

En refusant leur agrément, ils prendront le parti de contraindre ces personnes à procréer contre leur volonté, ou à aller voir ailleurs pour interrompre le processus de procréation, s'ils en ont les moyens.

Par ailleurs, même si l'État renonce à quelques-unes de ses prérogatives dans le domaine des procréations dites « naturelles », cela ne l'empêche nullement d'imposer toutes sortes de contraintes sur celles qui sont supposées ne pas l'être, alors qu'elles ne relèvent pas moins que les autres des « lois de la nature ».

En France toujours, les premières lois dites de

---

1. *Ibid.*

« bioéthique », du 29 juillet 1994, n'ont pas été modifiées par la loi de 2004 en ce qui concerne l'accès, fortement limité, à l'assistance médicale à la procréation. Celle-ci reste réservée aux couples hétérosexuels mariés ou pouvant faire la preuve d'une vie commune de plus de deux ans dont l'infertilité est constatée médicalement, vivants tous les deux et supposés en « âge de procréer [1] ». Cet âge n'est pas précisé. Si les praticiens s'alignent sur l'âge au-delà duquel l'assurance-maladie ne prend plus en charge les frais d'assistance médicale à la procréation, il sera de 43 ans [2]. La raison officielle est qu'après cet âge, les risques pour la santé de la femme et le taux d'échec de la procédure médicale sont trop élevés.

Mais cette raison purement technique pourrait aussi masquer des préjugés concernant une norme d'âge pour être parent ou une norme quant à la différence d'âge maximale entre les membres d'un couple. C'est du moins la conclusion qu'on peut tirer d'un ensemble d'observations du Conseil d'orientation de l'Agence de biomédecine, qui vise précisément à éviter que de tels préjugés s'imposent dans la gestion des demandes d'assistance médicale à la procréation [3].

---

1. Article L2141-2, *Code de la santé publique*, modifié par la loi n° 2004-800 du 6 août 2004 relative à la bioéthique, *Journal officiel*, 7 août 2004.
2. Décision du 11 mars 2005.
3. « Le Conseil a pris en compte le difficile débat concernant

Il me semble qu'on peut dire, sans être injuste ou inexact, que, dans leur état présent, les règles qui excluent de l'assistance médicale à la procréation les couples lesbiens, les femmes célibataires, les veufs et les veuves, ainsi que les couples non cohabitants (ou encore les projets de coparentalité), sont fondées sur des préjugés normatifs à l'égard de ce genre de candidats plutôt que sur des raisons techniques ou médicales. On peut se demander s'il n'en va pas de même pour les candidates et les candidats jugés « trop âgés ».

Quoi qu'il en soit, ces règles ne sont pas des conseils de prudence ou des recommandations amicales. Elles ne concernent pas *seulement* celles et ceux qui voudraient bénéficier de la prise en

---

d'éventuels refus normatifs à l'AMP (assistance médicale à la procréation) au regard de certaines indications. Il en va ainsi de la "possible discussion" de réaliser l'AMP lorsque l'âge des membres du couple dépasse une certaine limite. Le Conseil a opté clairement pour ne pas retenir de limite normative d'âge. D'une part, il est apparu aux membres du Conseil qu'une limite normative ne ferait pas suffisamment droit aux différences clinico-biologiques pouvant exister entre les personnes. D'autre part et plus encore, le Conseil estime, quel que soit le for intérieur de chacun de ses membres quant à une sagesse de vie, qu'il s'arrogerait un regard exorbitant en érigeant une "norme d'âge pour être parent ou une norme quant à la différence d'âge maximale entre les membres d'un couple". » Remerciements particuliers à Danièle Siroux qui m'a procuré cet extrait de la délibération du Conseil d'orientation de l'Agence de biomédecine qui devait donner son avis sur la nouvelle rédaction des règles de bonnes pratiques en matière d'assistance médicale à la procréation et qui a considéré qu'une limite d'âge ne devait pas y figurer. Elle m'a aidé à y voir un peu plus clair dans cette affaire compliquée de limite d'âge et dans tout le dispositif législatif relatif à la procréation. Bien entendu, toute erreur dans la présentation de ce dispositif serait mienne.

charge par l'assurance-maladie. Ce sont des obligations légales qui valent pour tous les praticiens exerçant en France, leurs patients et tout intermédiaire, dans le secteur public comme dans le privé, exposant ceux qui ne les respectent pas à des sanctions administratives et pénales. Le fait de pratiquer une aide à la procréation en infraction à ces règles est puni de cinq ans d'emprisonnement et de 75 000 euros d'amende [1].

Les conventions relatives à la gestation pour autrui, dont des couples gays pourraient aussi bénéficier, restent illicites [2]. Cet arrangement n'a aucune valeur juridique, et il peut exposer ceux qui l'ont organisé à des sanctions pénales allant jusqu'à deux ans d'emprisonnement et 30 000 euros d'amende [3].

---

1. Article 511-24, *Code pénal*, Paris, Dalloz, 2006.
2. Comme on a pu le constater lors de la récente affaire Mennesson. Dominique et Sylvie Mennesson ont eu recours a une mère porteuse en Californie, État où la gestation pour autrui n'est pas illicite. Deux jumelles leur sont nées en 2000. La Cour suprême de Californie a donné au couple Mennesson le statut de parents légaux. Les certificats de naissance américains des jumelles ont été établis suivant cette décision. Le ministère public réclama l'annulation de la transcription de ces documents sur les registres de l'état civil français. En décembre 2005, le tribunal de grande instance de Créteil jugea irrecevable cette demande du ministère public. En octobre 2007, la cour d'appel de Paris confirmait cette décision en reconnaissant les Mennesson parents légaux, au nom de l'« intérêt supérieur des enfants ». Finalement, dans son arrêt du 17 décembre 2008, la Cour de cassation est allée dans le sens du ministère public en jugeant que sa réclamation était recevable. Les enfants Mennesson risquent donc d'être privés d'état civil en France, l'« intérêt de l'enfant » n'ayant manifestement pas la priorité aux yeux des juges.
3. Article 227-12, *Code pénal*, Paris, Dalloz, 2006.

En novembre 2008, l'Office parlementaire d'évaluation des choix scientifiques et technologiques (un nom très long mais plus facile à retenir que l'acronyme « Opesct ») a proposé, pour préparer le réexamen des lois bioéthiques, un assouplissement du cadre législatif en matière d'assistance médicale à la procréation, qui pourrait l'ouvrir aux couples homosexuels, et une modification aussi profonde en ce qui concerne les dons de sperme et d'ovocytes : ils cesseraient d'être obligatoirement gratuits et anonymes [1]. Mais nous n'en sommes pas encore là.

Comme c'était attendu de la part d'un tel office, il s'est prononcé en faveur de la levée définitive de l'interdiction de la recherche sur les cellules souches embryonnaires avec, toutefois, un « régime d'autorisation préalable et encadré », et du clonage thérapeutique avec, de la même façon, un « dispositif rigoureux de contrôle », sous le motif qu'elles font quasiment « consensus dans le milieu scientifique ».

Cependant, contre l'avis d'une mission sénatoriale qui a rendu ses conclusions en juin 2008, l'Office préconise le maintien de l'interdiction de la gestation pour autrui, pourtant pratiquée sans scandale majeur au Royaume-Uni, au Danemark,

---

1. Paul Benkimoun, Cécile Prieur, « De l'assistance médicale à la procréation aux tests génétiques : les questions en débat », *Le Monde*, 27 novembre 2008.

aux États-Unis, au Canada, en Belgique, en Grèce et en Israël.

La France n'est évidemment pas le seul État démocratique où tout ce qui concerne la procréation est strictement encadré. Ainsi la Suisse, qui n'est pas le pays le plus répressif en matière de fin de vie dans l'ensemble de ceux qu'on peut appeler « libéraux », est, en même temps, l'un des plus restrictifs en matière de procréation. Toutes les procédures médicales qui pourraient ressembler à une forme d'eugénisme par sélection préalable des embryons ou élimination des fœtus malformés *in utero* sont exclues par la loi. Il en va de même en Allemagne [1].

En 2005, un rapport de la Chambre des communes du Royaume-Uni recommandait la suppression de toute limitation aux expérimentations sur l'embryon et de toutes les règles qui imposent de vérifier le profil psychologique et social des candidats à l'assistance médicale à la procréation, ce qui laissait, par exemple, à une femme de plus de 65 ans la liberté de porter un enfant.

Ce rapport remettait aussi en cause l'interdiction absolue du clonage reproductif humain et des recherches sur les hybrides humains-animaux,

---

[1]. « Note de synthèse sur les législations de cinq pays européens relatives à l'assistance médicale à la procréation et à la recherche sur l'embryon : Allemagne, Danemark, Espagne, Royaume-Uni, et Suisse » : *www.senat.fr*.

entre autres propositions jugées « horribles », « épouvantables », « dignes de Frankenstein », « œuvres du Diable », par des députés habituellement plus flegmatiques.

De son côté, le ministre de la Santé de l'époque réussit à conserver un certain sens de l'ironie. Il déclara que le rapport serait « un élément parmi d'autres de la réflexion gouvernementale [1] ». Il n'en fut évidemment rien.

On peut supposer, d'ailleurs, que les rédacteurs de ce rapport n'ont probablement jamais pensé que leurs propositions, qui prônaient un désengagement complet de l'État dans ces questions de vie ou de mort, pourraient influencer sérieusement le débat.

Pour compléter un peu ce tableau forcément général, on peut rappeler que le clonage reproductif est prohibé de façon quasi universelle et que le clonage à des fins thérapeutiques, la recherche sur les embryons sont partout soumis à des restrictions.

En France, le clonage reproductif humain est même devenu un crime puni de trente ans de réclusion criminelle et 7 500 000 euros d'amende, et de la réclusion perpétuelle et d'une amende du même montant, assortie d'une peine de sûreté

---

1. Armelle Thoraval, « "Frankenstein" chez les députés anglais », *Libération*, 25 mars 2005.

lorsqu'il est « commis en bande organisée[1] ». C'est désormais le plus grave des crimes, alors qu'on ne sait pas vraiment, en réalité, *à qui* il pourrait porter préjudice et comment exactement.

On peut rappeler, aussi, que les lois sur l'interruption volontaire de grossesse n'admettent presque jamais que la mère pourrait avoir le droit d'avorter tardivement sans motif approuvé par des professionnels de la santé. À l'intérieur de ce cadre général, l'étendue de la liberté laissée aux femmes enceintes dans chaque législation particulière reste difficile à apprécier. En France, l'avortement est autorisé pendant les trois premiers mois de la grossesse sans motif médical spécifique. Il est permis ensuite pour des raisons médicales seulement, qui peuvent concerner aussi bien la santé de la mère que celle du fœtus. L'appréciation finale revient alors aux praticiens spécialisés.

Aux États-Unis, le fameux arrêt de la Cour suprême de 1973, *Roe vs Wade*, a établi que l'avortement ne pouvait être interdit sur le territoire américain que dans le dernier trimestre de la grossesse, lorsque le fœtus est supposé « viable ». Entre le deuxième et le troisième trimestre, le seul motif d'interdiction légitime est la protection de

---

1. Articles 214-1 à 214-4, *Code pénal,* créés par la loi n° 2004-800 du 6 août 2004 relative à la bioéthique, *Journal officiel,* 7 août 2004.

la santé de la mère[1]. Et il n'y a aucun motif d'interdiction légitime durant le premier trimestre. Il existe cependant toutes sortes d'autres restrictions locales en dehors de ce cadre, du point de vue des financements publics, des droits des mineurs, de l'offre médicale par exemple.

Quel est le moins répressif des deux systèmes du point de vue de la liberté de procréer et de ne pas procréer, le français ou l'américain ? La réponse n'est pas évidente.

Liberté de procréer

Dans les pays démocratiques, les pauvres, les laids, les alcooliques, les criminels et les handicapés sont censés posséder la liberté de procréer exactement au même titre que les riches, les beaux, les vertueux et les personnes en bonne santé[2].

Cette liberté inclut celle de mettre au monde un enfant handicapé physiquement en toute connaissance de cause après diagnostic prénatal.

Par ailleurs, nous avons tendance à penser que

---

1. Dworkin, *Life's Dominion*, p. 103.
2. C'est un principe, qui n'est pas toujours respecté, ainsi qu'en témoigne le fait que des formes de stérilisation forcée ou de contraception obligatoire des handicapés mentaux majeurs continuent d'être pratiquées dans ces pays : Gilles Lebreton, *Libertés publiques et droits de l'homme*, 5ᵉ éd., Paris, Armand Colin, 2001, p. 261 (et note 1 p. 261).

la liberté de procréer n'est aucunement fonction de la liberté physique, psychologique ou sociale dont la progéniture pourra bénéficier après la naissance.

Le fait que les parents possèdent telles ou telles caractéristiques physiques contraint partiellement le destin, au moins physique, de leur progéniture. Mais personne ne semble penser que l'existence de cette forme de déterminisme physique du destin des enfants pourrait être une raison de remettre en cause la liberté d'en avoir.

De plus, on accorde aux parents une liberté substantielle d'orienter la vie de leurs enfants par différentes décisions éducatives prises après sa naissance. La possibilité leur est laissée d'agir pour que leurs enfants réalisent un projet auquel ces derniers n'ont nullement souscrit, comme celui de devenir catholique, de manger « kacher » ou de pratiquer le kung-fu

Telles sont, à première vue, les caractéristiques générales de ce qu'on appelle la « liberté de procréer ». Elle a été défendue, sans succès, au cours du débat public intense qui a aboutit à la criminalisation du clonage reproductif humain.

Selon la loi de bioéthique du 6 août 2004, « toute intervention ayant pour but de faire naître un enfant génétiquement identique à une autre personne humaine vivante ou décédée » est un « crime contre l'espèce humaine ».

Le clonage reproductif humain est supposé tomber sous cette définition (ce qui pourrait être contesté, puisque l'identité génétique n'est pas garantie en cas de clonage) et ce que sa criminalisation est censée protéger officiellement, ce n'est rien de moins que l'« intégrité de l'espèce humaine ». Cette justification est confuse et dangereuse.

1. Elle est confuse parce qu'on ne sait pas exactement *jusqu'où* devrait s'étendre la « protection de l'intégrité de l'espèce humaine ». Est-ce que la loi devrait aussi exclure les tentatives de modifier certaines des caractéristiques physiques typiques de l'être humain, comme sa durée de vie moyenne, sa sensibilité à la douleur, sa perte progressive d'acuité auditive et visuelle et autres déficits liés à l'âge ?

2. Elle est dangereuse par l'une de ses implications au moins. Un enfant qui naîtrait par clonage serait-il considéré comme n'appartenant pas à l'espèce humaine [1] ?

Une fois mise de côté la qualification d'atteinte à l'intégrité de l'espèce humaine, dont la signification est plus politique que logique ou morale, les deux arguments les plus courants contre le

---

1. Philippe Descamps, *Un crime contre l'espèce humaine ? Enfants clonés, enfants damnés*, Paris, Les Empêcheurs de penser en rond, 2004.

clonage reproductif humain sont la dérive criminelle et l'intérêt de l'enfant.

1. *Dérive criminelle* : si le clonage reproductif est permis, certaines personnes ou institutions chercheront inévitablement à produire des armées de sous-hommes ou de brutes. D'autres, les plus fortunés, voudront inévitablement produire des individus sélectionnés selon les critères eugénistes les plus répugnants.
2. *Intérêt de l'enfant* : l'identité génétique du petit clone sera entièrement déterminée par ses parents. C'est une ingérence inadmissible dans la vie d'autrui et un tort majeur causé à l'enfant, privé d'une part importante de sa liberté dès sa conception.

Ces reproches sont-ils fondés ? En fait, l'argument de la dérive criminelle repose sur le préjugé qu'il existerait une pente fatale, qui partirait du clonage dit « thérapeutique » et nous amènerait nécessairement au clonage reproductif dans ses formes les plus répugnantes, sans qu'il soit possible de s'arrêter en chemin.

Mais sur quoi, exactement, se fonde ce préjugé ? D'où vient la certitude que si le clonage reproductif était permis, il serait impossible de l'encadrer par des lois pour éviter des dérives, comme n'importe quelle autre forme de procréation médicalement assistée ? Aucun avocat de la prohibition absolue ne l'explique clairement. Si aucun, parmi eux, ne croit que des lois peuvent empêcher des dérives, pourquoi militent-ils avec tant d'énergie pour cette prohibition absolue ?

Par ailleurs, la liberté de procréer n'est aucunement fonction de la liberté donnée à la progéniture. Par conséquent, même si dans le cas du clonage reproductif humain, la liberté de l'enfant était plus limitée (ce qui reste évidemment à prouver, puisque le déterminisme génétique des traits psychologiques ou sociaux par exemple est très loin d'être établi), ce ne serait pas une raison qui pourrait suffire à justifier l'interdiction absolue de cette technique de procréation.

Qu'est-ce qui justifie la liberté de procréer ?

C'est l'argument de la liberté de procréer qui est le plus puissant pour contester la criminalisation du clonage reproductif humain. Qu'est-ce qui justifie cette liberté ? Quelles sont ses limites ? Pour répondre à la question, il faut d'abord distinguer la liberté de procréer *négative* et *positive*[1].

---

1. Speranta Dumitru, « À combien de clones aurions-nous droit ? Deux façons de mesurer la liberté de procréation », *Raison publique* (à paraître).

La liberté de procréer *négative* s'exprime très concrètement dans l'interdiction de la stérilisation forcée, de toute obligation d'avorter et de toute autre forme d'intervention de l'État qui viserait à imposer de façon coercitive des normes de procréation natalistes ou antinatalistes [1].

En France comme dans d'autres pays démocratiques, la liberté négative de procréer est, en principe, protégée par l'État. Nul ne peut contraindre une femme à avorter sans risquer d'être emprisonné et l'eugénisme organisé, sous forme de stérilisation forcée par exemple, est passible de sanctions pénales lui aussi [2].

De son côté, la liberté de procréer positive est supposée être un droit, dérivé d'intérêts profonds, constitutifs de notre identité en tant qu'êtres humains [3]. Il est plus difficile de voir à quoi ce droit correspond concrètement et quelle gamme de devoirs il détermine. Il n'est pas sûr que ces devoirs puissent inclure celui de mettre un bon lit et un partenaire fertile à la disposition des procréateurs potentiels.

On pourrait donner un contenu plus précis à la liberté positive de procréer en la présentant comme un droit d'avoir une *descendance génétique*,

---

[1]. O'Neill, *Autonomy and Trust in Bioethics*, p. 50-51.
[2]. Lebreton, *Libertés publiques et droits de l'homme*, p. 260-261.
[3]. Robertson, *Children of Choice. Freedom and the New Reproductive Technologies*.

celui-ci pouvant être garanti par l'État en cas d'infertilité[1].

Le droit au clonage à visée reproductive, le droit de bénéficier de l'aide de mères porteuses, et de toutes les autres formes d'assistance médicale à la procréation qui pourraient donner à un couple stérile des enfants en partie ou totalement liés à eux génétiquement, seraient des expressions de cette liberté positive.

La liberté de ne pas procréer

Certains juristes semblent considérer que la liberté de procréer n'est pas *complète* si elle n'est pas bilatérale, c'est-à-dire accompagnée de la *liberté de ne pas procréer*, qui signifie concrètement : le droit à la stérilisation volontaire, l'accès aux moyens contraceptifs disponibles, le droit d'avorter et celui de refuser la paternité ou la maternité[2]. Je m'intéresserai surtout à la liberté de ne pas procréer telle qu'elle s'exprime dans le droit d'avorter. En ce sens restreint, on pourrait parler d'un « droit de ne pas procréer ».

En France, aujourd'hui, la liberté de procréer est bilatérale, mais elle est encore loin d'être

---

1. *Ibid.*
2. Lebreton, *Libertés publiques et droits de l'homme*, p. 260.

complète, dans la mesure où la liberté de ne pas procréer n'est pas aussi large que celle de procréer. La liberté de procéder à une stérilisation volontaire, de ne pas être mère ou père, de ne pas aller jusqu'au terme d'une grossesse si elle n'est pas désirée, est soumise à toutes sortes de restrictions légales et de pressions sociales [1].

La liberté de ne pas procréer contredit-elle la liberté positive de procréer ?

Revendiquer la liberté positive de procréer revient à affirmer que nous avons un intérêt fondamental à avoir une descendance à laquelle nous sommes liés génétiquement. Il s'agirait d'un trait constitutif de notre identité en tant qu'être humain.

Mais le pourcentage de femmes sans enfants ne cesse d'augmenter dans le monde occidental et des mouvements, comme *Childfree*, au Canada, militent pour le droit des femmes de ne pas se reproduire [2].

Est-ce que cela signifie qu'elles ont perdu le sens de leurs intérêts fondamentaux ? Ou qu'elles risquent de perdre leur identité d'êtres humains ?

---
1. *Ibid.*
2. Peggy Sastre, *Ex utero. Pour en finir avec le féminisme*, Paris, La Musardine, 2008, p. 51-61.

De façon plus générale, nous tenons à notre liberté *de ne pas procréer*.

Est-ce que cela ne signifie pas que, contrairement à ce que les amis de la liberté positive de procréer affirment, avoir une descendance génétique ou autre, n'est pas un des traits constitutifs de notre identité en tant qu'être humain ? N'est-ce pas une raison suffisante de s'en tenir à la liberté négative de procréer ?

À quoi donne droit la liberté de procréer ?

La liberté de procréer inclut-elle celle d'avoir librement accès à l'assistance médicale à la procréation, sans discrimination selon des critères implicitement sexistes (comme l'âge des candidates) ou homophobes, etc. ?

Pour ceux qui défendent la liberté de procréer positive, c'est certainement le cas.

Pour ceux qui n'admettent que la liberté négative de procréer, c'est moins évident. Ils peuvent cependant militer pour l'accès des gays, des lesbiennes à l'assistance médicale à la procréation sans revendiquer un droit spécifique à la procréation fondé sur un intérêt humain fondamental. Il leur suffit d'invoquer un principe général de traitement égal et non discriminatoire de tous les citoyens.

De la même façon, ils peuvent défendre le droit des gays et des lesbiennes à se marier, non pas en vertu d'un droit supposé à fonder une famille dérivé d'intérêts profonds, mais tout simplement parce qu'il n'y a aucune raison de nier ce droit sur la base de l'orientation sexuelle.

Pourquoi la liberté de ne pas procréer
est-elle plus restreinte et moins bien garantie
que la liberté de procréer ?

Il existe une certaine asymétrie entre la liberté de procréer, très large et bien protégée, et la liberté de ne pas procréer, plus restreinte et moins bien garantie [1].

Ce qui explique cette différence de traitement, dans le débat public ou philosophique tout au moins, c'est, entre autres, l'idée qu'il existerait un conflit de droits dans tout projet d'avortement.

La liberté de ne pas procréer, lorsqu'elle prend la forme du droit d'avorter, serait contredite par les droits du fœtus à la vie ou par le respect inconditionnel qu'on doit à la vie humaine qui serait sacrée, inviolable, *depuis ses débuts* et de quelque façon qu'elle s'exprime [2].

Mais les avocats des droits du fœtus ont du

---

1. Lebreton, *Libertés publiques et droits de l'homme*, p. 260-261.
2. Tsarapatsanis, *Les fondements éthiques des discours juridiques sur le statut de la vie humaine anténatale*.

mal à spécifier en quel sens exactement ce sont des droits. Dans la théorie classique, un droit est ou bien une préférence légitime ou bien un intérêt fondamental qu'il faudrait protéger [1]. Un fœtus a-t-il une préférence légitime pour la vie ? L'intérêt du fœtus consiste-t-il vraiment à ce qu'on l'amène à naître, sans tenir compte de son opinion évidemment, avec parfois, des handicaps graves et incurables, pour une vie de souffrances ou dans un monde où il n'a pas été désiré ?

Pour éviter d'avoir à répondre à ce genre de questions compliquées, les opposants au droit d'avorter préfèrent souvent invoquer la valeur sacrée de la vie humaine depuis ses débuts et de quelque façon qu'elle s'exprime. Mais ils auront du mal à faire valoir leur argument, car personne ne pense que la valeur de la vie humaine pourrait être absolue, même les plus conservateurs, on l'a vu.

Le statut juridique des entités anténatales

En fait, il n'est pas nécessaire de partir d'une réflexion sur le statut des entités anténatales, embryons et fœtus, leurs préférences, leurs intérêts, pour déterminer s'il existe un droit d'avorter.

---

1. W.N. Hohfeld, *Fundamental Legal Conceptions as Applied in Judicial Reasoning* (1919), New Haven, Yale University Press, 1964.

1. On peut aussi procéder à l'inverse, comme le font les juristes, c'est-à-dire partir du droit d'avorter pour déterminer, ensuite, le statut des entités anténatales, embryons et fœtus.
2. On peut aussi, comme je me propose de le faire, essayer de montrer que le droit d'avorter est compatible avec toutes les conceptions du statut moral des entités anténatales.

Les raisons qu'on avance en faveur du droit d'avorter peuvent être parfaitement indépendantes de l'idée qu'on se fait du statut juridique des entités anténatales.

Pensez aux raisons *politiques* : impératifs de santé publique, aspiration profonde des femmes à l'égalité des sexes et volonté associée de cesser d'être « esclave de son corps », grâce à la contraception, la « planification des naissances », la liberté de ne pas aller jusqu'au terme d'une grossesse. Elles sont indépendantes de nos conceptions du statut juridique des entités anténatales.

Une fois que le droit d'avorter est reconnu pour ces raisons *politiques*, le statut juridique du fœtus ou de l'embryon *in utero* (dans le ventre de la mère) suit. C'est un *statut dérivé*. Il peut être de n'importe quel ordre, du moment qu'il ne remet pas en cause le droit politique d'avorter.

Aux juristes de se débrouiller dans les cas difficiles, comme la qualification de la destruction du fœtus *in utero* contre la volonté de la mère (s'agit-il d'un homicide ?) [1], ou les demandes d'inscription à l'état civil des fœtus morts sans avoir atteint le seuil de viabilité (doivent-ils bénéficier du statut d'enfant sans vie ?) [2].

Le problème du statut des embryons *in vitro* (des embryons qui n'ont pas été réimplantés dans un utérus et qu'on conserve néanmoins par congélation à différentes fins) est apparu plus récemment, comme le produit moral d'une innovation technique.

Ce statut est aussi controversé que celui des embryons *in utero*. L'idée qu'on ne peut pas faire n'importe quoi avec eux semble susciter l'approbation générale. Personne, probablement, ne dira qu'on peut les faire sauter à la casserole avec des

---

1. En France, dans l'état actuel du droit pénal, il ne pourrait y avoir homicide que sur la personne de la mère : Tsarapatsanis, *Les fondements éthiques des discours juridiques sur le statut de la vie humaine anténatale*, p. 88. C'est du moins en ce sens qu'on peut comprendre un arrêt de la Cour de cassation du 27 juin 2006, lors d'une affaire concernant un homicide involontaire sur la personne d'une femme enceinte de 22 ans, qui avait entraîné la mort de l'enfant à naître, à la suite d'un accident de voiture. Le mari de la victime engagea des poursuites contre l'auteur de l'accident pour homicide involontaire sur l'enfant à naître, au nom du droit au respect de l'être humain dès le commencement de la vie. La Cour rejeta le pourvoi en arguant qu'il ne pouvait y avoir d'homicide involontaire d'autrui dans ce cas, puisque la notion d'autrui ne s'applique pas à l'enfant à naître dans les termes de la loi pénale comprise au sens strict. Du point de vue philosophique, les choses sont moins claires, hélas : McMahan, « Paradoxes of Abortion and Prenatal Injury ».

2. Tsarapatsanis, *Les fondements éthiques des discours juridiques sur le statut de la vie humaine anténatale*, p. 85-86.

épices, effectuer n'importe quelle expérimentation sur eux sans aucune restriction « éthique », les détruire sans le consentement des géniteurs, etc. Cet accord semble pouvoir servir d'argument pour nier que les embryons aient le statut juridique de « chose » au sens strict. Mais quel que soit le statut qu'on sera disposé à accorder finalement aux embryons *in vitro*, il ne devra pas remettre en cause le droit d'avorter, si on reste dans le cadre législatif présent [1].

Existe-t-il un devoir moral de ne pas interrompre une grossesse ?

Des nombreux débats philosophiques autour du statut *moral* des entités anténatales, on peut très bien conclure que le droit d'interrompre leur développement, même tardivement, *peut être justifié quel que soit ce statut*.

En effet, lorsque le fœtus est considéré comme une partie du corps de celle qui le porte, le droit d'interrompre volontairement une grossesse peut être justifié sans complications normatives excessives au nom du droit des personnes à disposer d'elles-mêmes.

Lorsque le fœtus est considéré comme une per-

---

1. *Ibid.*, p. 90-96.

sonne *indépendante* de celle qui le porte, le droit d'interrompre volontairement une grossesse semble plus difficile à défendre. Si avorter revient à faire mourir quelqu'un d'autre que soi ou à le laisser mourir en cessant de lui donner ce dont il a besoin pour survivre, ceux qui reconnaissent le principe de non-nuisance à autrui (dans la version de John Stuart Mill, ou toute autre) comme un principe moral central auront des raisons de douter de la légitimité de l'avortement.

Dans sa classique « Défense de l'avortement », c'est pourtant dans cette seconde hypothèse que se place, de façon assez provocante, Judith Jarvis Thomson [1]. Ce qu'elle veut nous prouver, c'est que, même dans ce cas, il n'y a pas d'argument décisif contre le droit d'avorter. Ou, plus exactement, pas d'argument décisif en faveur du devoir moral de ne pas interrompre une grossesse une fois qu'elle est engagée, simplement parce qu'elle est engagée. Pour le démontrer, elle propose une expérience de pensée cauchemardesque.

Vous vous retrouvez, un matin, branchée par votre dos au dos d'un autre, vos deux corps fonctionnant désormais comme une sorte de système de transfusion permanente. Que s'est-il passé ? En fait, vous avez été kidnappée par une société de

---

[1]. Judith Jarvis Thomson, « A Defense of Abortion », *Philosophy & Public Affairs*, 1, 1971, p. 47-66.

musiciens qui voulaient sauver la vie d'un violoniste génial et vous avez été connectés ensemble à votre insu. On vous explique qu'il n'y avait pas moyen de faire autrement parce que vous êtes la seule personne au monde qui possède les bonnes caractéristiques biologiques. On vous dit que si vous débranchez le système, ce musicien extraordinaire mourra et que, de toute façon, l'opération ne durera que neuf mois. Avez-vous le devoir moral de ne pas le débrancher ?

Non, répond Judith Jarvis Thomson. Il faudrait que vous soyez un super bon Samaritain, une sorte de sainte pour rester branchée, et la sainteté n'est pas une exigence morale.

De la même façon, une femme enceinte n'a pas *le devoir moral de poursuivre sa grossesse* si elle ne le souhaite pas, non parce qu'il est absurde de supposer que le bébé qu'elle porte est un être qui a des droits depuis la conception, mais parce qu'elle n'a pas le devoir moral de se conduire en super bon Samaritain.

Les objections à l'argument de Thomson n'ont évidemment pas manqué. Les plus récurrentes disent que, cas de viol mis à part, on ne peut pas présenter le fœtus comme un envahisseur qui s'est installé chez vous à votre insu et l'avortement comme un acte d'autodéfense face à une attaque intentionnelle.

Une autre objection commune dit qu'il existe,

à l'égard de l'enfant qu'on porte, une responsabilité personnelle qu'on n'a pas à l'égard d'un violoniste qu'on vous a branché dans le dos contre votre gré, aussi talentueux soit-il [1].

Mais il existe aussi une réponse qui pourrait valoir contre l'ensemble de ces objections. Si une femme enceinte ne souhaite pas aller jusqu'au terme de sa grossesse, c'est précisément parce qu'elle juge qu'elle est dans la situation de la personne branchée au violoniste.

Quoi qu'il en soit, ce que je trouve particulièrement intéressant dans l'analyse de Thomson c'est que, d'après elle, il n'existe pas de *devoir moral de ne pas interrompre une grossesse* simplement parce qu'elle est engagée, même si on considère que le fœtus est une personne ayant le droit à la vie.

Cette idée suscite de très fortes résistances intellectuelles aujourd'hui. Elles s'expriment, bien sûr, du côté des religieux attachés au droit à la vie dès la conception et *même avant* (témoin leurs combats d'arrière-garde contre la contraception et la masturbation) [2].

Mais des penseurs qui ne sont pas des militants intégristes commencent à manifester une certaine compréhension pour ce point de vue, ce qui ressemble à un premier pas vers sa justification laïque.

---

1. David Boonin, *A Defense of Abortion*, Cambridge, Cambridge University Press, 2003.
2. Mary Warnock, *Making Babies. Is there a Right to Have Children?* Oxford, Oxford University Press, 2002, p. 30-31.

Je pense en particulier à l'idée de « condition fœtale » développée par Luc Boltanski [1].

La critique laïque du droit d'avorter

Il y aurait, selon Luc Boltanski, une série de paradoxes liés à la place de l'avortement dans nos sociétés :

1. la difficulté de *légitimer* l'avortement en dépit de sa dépénalisation ;
2. la difficulté de le *représenter* en dépit du fait que toutes les sociétés le connaissent et que certaines comme la nôtre en ont fait un objet de débat public ;
3. l'*expérience douloureuse* des femmes, même les plus convaincues du droit de disposer librement de leur corps.

Ce qui peut expliquer ces phénomènes, à son avis, c'est une sorte de « constante anthropologique ». Il existerait, dans toute société humaine, une *contradiction inhérente* au processus par lequel un « être de chair » biologique devient un être humain, un « être de parole », membre d'une communauté sociale, politique, morale. Quel que soit

---

1. Luc Boltanski, *La condition fœtale. Une sociologie de l'engendrement et de l'avortement*, Paris, Gallimard, 2004.

notre rapport à l'avortement, il ne pourra jamais être rien de plus qu'un « arrangement » instable susceptible d'atténuer la force de la *contradiction* sans l'éliminer.

En quoi consiste cette contradiction exactement ? Elle apparaît comme un conflit entre trois propositions.

1. Toute société se réserve le droit de choisir ses membres dans l'ensemble de ceux qui sont à naître ou qui naissent effectivement. *Aucun* n'est irremplaçable.

2. Ceux qui sont introduits dans la communauté morale ou sociale par la parole deviennent des êtres singuliers *tous* irremplaçables.

3. Il n'y a aucune différence essentielle entre les remplaçables et les irremplaçables.

Étant donné qu'il n'y a aucune différence essentielle entre les remplaçables et les irremplaçables, on devrait les traiter de la même manière. Mais en avortant, nous ne les traitons pas de la même manière. Nous portons atteinte aux uns et pas aux autres. Dans l'avortement, nous vivons cette contradiction douloureuse sur un mode forcément dramatique. C'est pourquoi Luc Boltanski exclut *a priori* tous les programmes libéraux de « banalisation » ou de « dédramatisation » de l'avortement, au nom de ces prétendues contraintes anthropologiques universelles.

Mais outre qu'elle pourrait servir d'argument à tous ceux qui contestent le droit d'avorter (qui défendent, eux aussi, l'idée qu'il n'y a pas de différence essentielle entre les enfants à naître et les enfants nés), cette construction pose un problème épistémologique assez élémentaire.

L'explication des phénomènes proposée est-elle la meilleure parmi celles qui sont disponibles ?

Luc Boltanski nous dit que la difficulté de légitimer l'avortement en dépit de sa dépénalisation, la difficulté de le représenter, l'expérience douloureuse des femmes, même les plus convaincues du droit de disposer librement de leur corps, s'explique par des contraintes anthropologiques universelles.

Mais ces difficultés ne sont-elles pas, plus simplement, une expression du fait que la volonté de contrôle des médecins est toujours vivante, que les pressions d'opposants à l'avortement n'ont pas cessé d'exister, et que l'État n'a pas renoncé à son paternalisme traditionnel pour tout ce qui concerne la famille et la procréation [1] ?

Le fait que la culpabilisation des femmes est très loin d'avoir disparu, en dépit de tous les aménagements de la loi du 4 juillet 2001, qui visait précisément à l'atténuer, pourrait être

---

1. Dominique Memmi, *Les gardiens du corps. Dix ans de magistère bioéthique*, Éditions de l'EHESS, 1996.

expliqué beaucoup plus économiquement par cet état de choses.

On pourrait ajouter, pour donner plus de plausibilité à cette hypothèse, que l'avortement est loin d'être complètement libéré. Outre qu'il continue de susciter la désapprobation sociale dans certains milieux, il reste très largement contrôlé, puisque la décision finale pour les avortements au-delà des douze premières semaines de grossesse ne revient pas à la mère elle-même mais à des praticiens qu'elle doit essayer de persuader, en passant par des interrogatoires qui peuvent être humiliants.

On a donc des raisons de supposer que le plus douloureux dans l'expérience des femmes qui ont fait le choix d'avorter, ce n'est pas la difficulté à se séparer d'un être supposé « vivre en elles », mais d'affronter la désapprobation sociale et, plus encore, le jugement de médecins et autres, agissant en représentants forcément intimidants de la loi [1]

Je ne vois pas très bien pourquoi cette explication serait insatisfaisante, ou, plus exactement, en quoi elle serait *moins satisfaisante* que la construction de Luc Boltanski. Autant l'hypothèse de la

---

1. Sur la variété des expériences des femmes qui avortent et la relation entre ces expériences et l'environnement médico-légal, voir American Psychological Association, Task Force on Mental Health and Abortion, *Report of the Task Force on Mental Health and Abortion*, Washington DC, 2008.

culpabilisation des femmes par les attitudes de l'environnement social et des praticiens qui sont en charge des interruptions volontaires de grossesse me paraît précise, observable, ouverte à la vérification empirique, autant l'hypothèse d'une contradiction inhérente au processus par lequel un « être de chair » devient un « être de parole » me semble ambiguë, éloignée des faits et fermée à toute vérification empirique. Autant la première me paraît claire, autant la seconde me paraît difficile à comprendre.

Défense du droit d'avorter

En réalité, rares sont les philosophes et les théologiens qui ont défendu une prohibition absolue de l'avortement. À l'exception de quelques fanatiques, ils ont toujours considéré qu'il était permis en cas de viol, d'inceste, de malformation importante du fœtus et de danger grave pour la vie de la mère [1]. Il n'y a aucun équivalent pour les enfants nés. Ceux qui admettent des exceptions à l'interdit d'avorter n'ont jamais voulu étendre ce régime aux enfants nés. Ils n'ont jamais soutenu qu'il serait moralement tolérable de tuer

---

1. Dworkin, *Life's Dominion*, p. 32.

les enfants nés d'un viol, d'un inceste, mal formés ou mettant en danger la vie de la mère [1].

Par ailleurs, il ne semble pas absurde de considérer qu'il est moins grave de tuer un fœtus (en avortant) que de le blesser (en faisant preuve de négligence pendant la grossesse ou en lui portant atteinte directement). C'est un des paradoxes de l'avortement (que j'ai déjà évoqué) [2].

L'accroissement considérable de nos connaissances concernant le développement du système nerveux du fœtus pourrait donner des arguments contre le droit d'avorter, passé un certain délai, à tous ceux qui jugent immoral de faire souffrir des êtres vivants, même ceux auxquels il est difficile de reconnaître une conscience personnelle ou des droits individuels [3].

La reconnaissance de la continuité biologique entre l'embryon et l'enfant né pourrait soutenir les vues de ceux qui demandent de traiter les deux avec le même respect.

Avec la diffusion de l'imagerie médicale et de films montrant le développement de l'enfant conçu depuis l'embryon jusqu'à la naissance, une certaine sensibilité au sort des entités anténatales s'est répandue, même parmi les défenseurs les plus radicaux du droit d'avorter.

---

1. McMahan, *The Ethics of Killing*.
2. McMahan, « Paradoxes of Abortion and Prenatal Injury ».
3. McMahan, *The Ethics of Killing*.

La notion de « personne potentielle » a été mise en avant pour justifier l'idée que le droit d'avorter n'impliquait pas que l'embryon ou le fœtus puisse être traité comme un objet qu'on peut utiliser à sa guise ou détruire à volonté [1].

Pourtant, aucun de ces changements importants des connaissances, de la sensibilité et même de l'ontologie (avec l'apparition des « personnes potentielles ») n'a réussi à éliminer les paradoxes de l'avortement et le régime d'exception dont il bénéficie, même chez ses opposants les plus virulents.

Ce que montrent les nombreuses réflexions juridiques et extrajuridiques sur la question de l'avortement, c'est qu'il n'existe pas de devoir incontesté d'aller jusqu'au bout d'une grossesse simplement parce qu'elle est engagée [2]. Il vaut mieux, dans ces

---

1. Philippe Kitcher, « Les vies potentielles », dans Jean Gayon et Daniel Jacobi (dir.), *L'éternel retour de l'eugénisme*, Paris, PUF, 2006, p. 271-287.
2. Ronald Dworkin, « Playing God : Genes, Clones and Luck », dans *Sovereign Virtue. The Theory and Practice of Equality*, Cambridge, Mass., Harvard University Press, 2000, p. 427-452. Dworkin semble limiter cet espace de liberté en excluant les pratiques discriminatoires comme l'avortement systématique ou des filles ou des garçons. Mais en termes « conséquentialistes », une intervention répressive de l'État devrait faire face aux questions les plus traditionnelles liées à l'avortement : quelles sanctions seraient vraiment dissuasives (la peine de mort ?) ? Quelle serait leur légitimité ? En l'absence de reconnaissance officielle, l'avortement systématique des filles ou des garçons ne se fera-t-il pas dans la clandestinité avec des risques de santé importants pour les mères ? De plus, l'avortement pratiqué selon le critère sexuel (fille ou garçon) ne fait souvent que se substituer à l'infanticide pratiqué selon le même critère : qu'est-ce qui est préférable ? Pour mettre fin à ces pratiques, une intervention de l'État incitative plutôt que répressive ne serait-elle pas de toute façon plus appropriée ?

conditions, laisser les personnes libres de prendre les décisions qu'elles jugent appropriées dans leur propre cas, hors de tout contrôle étatique ou médical des motivations.

CHAPITRE 3

ASSISTANCE MÉDICALE À LA PROCRÉATION : POURQUOI TANT D'INJUSTICES ?

Certains chercheurs estiment que la forme du dispositif de l'assistance médicale à la procréation en France s'explique par le souci du législateur d'« imiter la nature [1] ». Le simple fait qu'elle est réservée aux couples hétérosexuels, vivants tous les deux et en « en âge de procréer », semble leur donner raison. Il est vrai que, si un couple de lesbiennes de plus 65 ans venait d'avoir un bébé, il serait difficile de penser que cela s'est fait de façon « naturelle », ou pour le dire de façon moins vague, sans l'intervention de médecins spécialisés.

D'après ces chercheurs, ce souci d'imiter la nature serait une aberration juridique. Cette hypo-

---

[1]. Xavier Bioy, « Les crimes contre l'espèce humaine. Ou de la réintroduction en droit d'une espèce de référent naturel », dans Hennette-Vauchez (dir.), *Bioéthique, biodroit, biopolitique*, p. 101-119.

thèse soulève deux questions, l'une de fait et l'autre de droit.

1. Est-il vrai que le dispositif de l'assistance médicale à la procréation exprime un souci de la part du législateur d'« imiter la nature » ?
2. Pourquoi un tel souci serait-il une aberration juridique ?

Je vais m'en tenir à la deuxième, qui me paraît plus difficile à régler.

On a du mal à savoir pourquoi, exactement, le souci d'« imiter la nature » serait tellement aberrant du point de vue du droit. On peut faire plusieurs hypothèses à cet égard, qui appellent chacune une objection.

1. *La crainte d'une « biologisation du droit »*.
Objection : choisir des critères biologiques pour établir des droits ne revient pas à biologiser le droit. En Allemagne ou en Suisse, la nationalité est fixée par le droit du sang. Cela signifie-t-il que le droit ait été « biologisé » dans ces pays ? Non. Après tout, le droit du sang est un *droit* qui pourrait être changé par un acte du législateur et non un fait naturel qu'il ne pourrait pas modifier.
2. *L'essence du droit est d'aller contre la nature.*
Objection : l'idée que le droit a une « essence » est-elle sensée ?

3. *Le dispositif de l'assistance médicale à la procréation serait un mensonge grotesque plutôt qu'une authentique fiction juridique.*

Objection : qu'est-ce qui justifierait cette distinction ? Pourquoi ne pourrait-on pas voir ce dispositif comme une fiction juridique légitime au même titre que l'adoption plénière où les parents naturels n'ont plus d'existence légale ? Si ces dispositifs d' « imitation de la nature » laissent sceptiques, n'est-ce pas plutôt, finalement, parce qu'ils semblent *impliquer* des mensonges (aux enfants et aux proches, entre autres), ce qui serait immoral et dévastateur psychologiquement (comme l'affirment certains psychanalystes à leur façon catastrophiste) [1] ? Ce qui serait désapprouvé, en fait, dans ce dispositif d'« imitation de la nature », ce ne serait pas qu'il s'agit d'un mensonge formel (une fiction juridique mal construite), mais qu'il implique des mensonges réels (aux enfants en particulier), ce qui est tout autre chose.

4. *Le souci d' « imiter » la nature repose sur une conception de la nature dépourvue de tout fondement scientifique*

Explication : ce qui n'irait pas dans ce dispositif d'« imitation de la nature », ce n'est pas que

---

[1]. Geneviève Delaisi de Parseval, *Famille à tout prix*, Paris, Seuil, 2008, p. 191-196.

le droit cherche à singer la nature. C'est que personne, au juste, ne sait ce qu'est la nature. Plus précisément, les concepts supposés scientifiques auxquels les juristes font référence n'ont aucun contenu scientifique déterminé ou aucune définition acceptée par la communauté scientifique [1]. C'est le cas, en particulier, de l'idée d'espèce humaine. Une législation construite sur des idées fausses ou imprécises risque d'être inapplicable (ce qui ne serait pas un mal) mais aussi très dangereuse (puisqu'on pourrait lui faire dire n'importe quoi).

Objection : ces inconvénients ne sont pas liés au fait que la loi fait référence à la nature, mais au fait qu'elle est trop vague et trop répressive à la fois.

Il ne faudrait peut-être pas prendre trop au sérieux l'appel à la biologie dans les débats sur les questions de procréation. L'hypothèse disant que ce serait l'expression d'un mouvement profond de « biologisation » ou de « naturalisation » du droit n'est ni la seule qu'on puisse envisager, ni, probablement, la meilleure. Dans un État laïc qui exclut, en principe, toute justification religieuse de ses lois, il est logique que les religieux, qui

---

1. Philippe Descamps, *Le sacre de l'espèce humaine. Le droit au risque de la bioéthique*, PUF, 2009.

veulent faire passer leurs principes dans la loi, mettent en avant des arguments « neutres », ou « scientifiques », qui pourraient emporter l'adhésion de tous, ou de la majorité au moins, même si, en fin de compte, les seuls qui les suivent sont ceux qui partagent leur foi [1].

Ainsi, contester le droit d'avorter, sous prétexte qu'il y aurait une continuité biologique entre l'embryon et l'enfant né, peut, certes, être compris comme l'expression de la volonté de régler la loi sur la « nature ». Mais on peut très bien voir cet appel au biologique comme un pur procédé tactique qui, en réalité, n'a pas toutes ces implications.

Quoi qu'il en soit, si je conteste le dispositif de l'assistance médicale à la procréation dans sa forme présente, ce n'est certainement pas parce qu'il « imite la nature » de façon mensongère, parce qu'il implique des mensonges familiaux, parce qu'il exprime une tendance à « naturaliser » le droit ou parce qu'il repose sur des vues scientifiques erronées.

C'est tout simplement parce qu'il part d'une injustice et aboutit à d'autres injustices, du fait qu'il exclut pour de mauvaises raisons certaines personnes de ses bénéfices : couples lesbiens,

---

1. Sur les clivages religieux dans les débats parlementaires : Hennette-Vauchez, « Bioéthique, biodroit, biopolitique : politique et politisation du vivant ».

femmes célibataires ou atteintes par la limite d'âge, veufs et veuves, couples hétérosexuels non cohabitants.

L'injustice de départ

Si vous êtes stérile par nature, par accident ou par choix, vous avez moins de droits que si vous êtes fertile. Alors que vous pouvez procréer « naturellement » sans condition, vous n'avez droit à l'aide médicale à la procréation qu'à certaines conditions très restrictives. Au lieu de chercher à *compenser* cette injustice de départ, le dispositif répressif en matière d'assistance à la procréation contribue à la renforcer.

Les injustices dans le traitement des candidats

L'argument de l'intérêt de l'enfant est l'une des justifications les plus populaires au refus d'ouvrir l'assistance médicale à la procréation aux gays, aux lesbiennes et aux femmes qui sont supposées être « trop âgées », ainsi qu'à l'interdiction du clonage reproductif [1].

---

1. Mais pas toujours en droit comme me le rappelle Martine Gross (communication personnelle). Pour certains juristes, il ne fait pas le

Que vaut-il ?

Ce qui frappe dans son usage, c'est qu'il semble guidé par un principe qui résume assez bien toutes les formes d'injustice : « deux poids, deux mesures ».

L'argument de l'intérêt de l'enfant est constamment mis en avant par les conservateurs (de droite et de gauche) pour refuser le clonage reproductif, les mères porteuses, et pour exclure les gays, les lesbiennes et les femmes dites « trop âgées » de l'assistance médicale à la procréation.

Mais il ne compte pas du tout chez les mêmes lorsqu'il s'agit de défendre le droit des mères à faire naître un enfant gravement handicapé et incurable en toute connaissance de cause, après un diagnostic prénatal.

La question de savoir si on nuit à l'enfant ou pas en agissant ainsi semble soudain dépourvue d'importance. Si la raison est qu'on *ne peut pas nuire à l'enfant en lui donnant la vie* quelles que soient les conditions, pourquoi ne vaut-elle pas aussi pour le clonage reproductif, les mères porteuses, lesbiennes ou de plus de 65 ans ?

Il existe d'autres arguments, psychologiques et

---

poids lorsqu'il est supposé s'opposer à l'« intérêt supérieur de la société » (voir, plus loin, le point de vue de Françoise Dekeuwer-Defossez). C'est la leçon qu'on peut tirer de l'affaire Mennesson, entre autres, où les enfants issus d'une mère porteuse américaine risquent d'être privés d'état civil en France, contre leur intérêt, tel que les juges eux-mêmes se le représentent (voir note 2, p. 131).

sociologiques, en faveur de la libéralisation de l'assistance médicale à la procréation [1]. Il leur manque, à mon avis, une base normative solide.

L'argument psychologique

1. *Prémisse* : L'encadrement rigide de l'assistance médicale à la procréation est à l'origine de toutes sortes de dommages psychologiques : humiliations, angoisses, abaissement de soi.
2. *Conclusion* : Il faut assouplir les lois qui encadrent l'assistance médicale à la procréation.

Il manque à l'argument la prémisse normative intermédiaire suivante : « Il faut réviser les lois qui causent des dommages psychologiques : humiliations, angoisses, abaissement de soi ».
Est-elle incontestable ?
Ce n'est pas ce que pensent certains juristes ou certains philosophes, qui rejettent toute référence aux dommages psychologiques individuels, y compris ceux que pourraient subir des enfants, dans la justification des lois relatives à la procréation.
Ce qui compte pour eux, c'est ce qu'ils appel-

---

1. Les meilleurs sont dans Dominique Mehl, *Enfants du don. Procréation médicalement assistée : parents et enfants témoignent*, Paris, Robert Laffont, 2008.

lent l'« intérêt supérieur de la société ». Françoise Dekeuwer-Defossez a parfaitement résumé cette position lors des auditions au Sénat sur ces questions.

« Dans certains cas particuliers, il sera tout à fait contraire à l'intérêt de tel enfant de ne pas pouvoir, passé cinq ans, voir sa filiation modifiée. Mais on ne tient pas compte de cela, car la filiation n'est pas gouvernée par l'intérêt de l'enfant. La filiation est en effet une structure de la société. Actuellement, l'idée de la "vraie" filiation, celle de la filiation biologique, prévaut. Le droit de la filiation a été construit de cette manière, au moins depuis 1972, mais toujours sous l'emprise de l'ordre public : des filiations, même biologiques, ne vont être reconnues que si elles correspondent à notre modèle social. Ainsi, même après l'ordonnance de 2005, certaines filiations n'ont pas le droit d'exister car elles sont contraires à notre ordre social. Le cas le plus représentatif est celui des filiations incestueuses, dont l'interdit a été renforcé par l'ordonnance de 2005. C'est également le cas pour les filiations d'enfants nés de mères porteuses, dont notre système juridique ne veut pas entendre parler. Dans ce cas, la Cour de cassation estime que l'on peut confier l'éducation de l'enfant à la mère qui a "commandé" l'enfant, mais jamais la filiation à l'égard de cette mère ne sera établie (...). On peut se demander s'il s'agit d'une position pertinente ou non, mais il faut comprendre que le système de filiation, dans ce type de circonstances, se moque éperdument de l'intérêt de l'enfant. Le problème est davantage de savoir si notre société peut supporter des filiations incestueuses, ou l'existence de conventions sur des enfants à naître. La réponse étant considérée comme négative, les dégâts collatéraux sont assumés. Tant pis pour les enfants en question [1]. »

L'argument sociologique

1. *Prémisse* : Dans notre société caractérisée par le pluralisme familial, plusieurs styles de vie familiale coexistent. La famille hétérosexuelle nucléaire est loin d'être une norme universellement acceptée. Il y a, c'est un fait, des familles recomposées, monoparentales, des enfants nés hors mariage, des adoptions par des célibataires, des enfants élevés par des couples de même sexe, etc.

---

[1]. Françoise Dekeuwer-Defossez, Audition publique de la commission des lois du Sénat sur l'actualité du droit de la famille, « Table ronde sur l'évolution des modes de filiation », 21 mars 2006, dans *Les nouvelles formes de parentalité et le droit*, Rapport d'information n° 396 de M. Jean-Jacques Hyest, au nom de la commission des lois, déposé le 14 juin 2006.

2. *Conclusion* : les lois ne doivent plus privilégier le modèle de la famille hétérosexuelle nucléaire même s'il est majoritaire.

Il manque à l'argument la prémisse normative intermédiaire suivante : « Il faut réviser les lois dans le sens de l'évolution des mœurs et des techniques. »
Est-elle incontestable ?
Ce n'est pas ce que pensent certains juristes et certains philosophes, pour qui la loi ne doit pas nécessairement suivre les mœurs et les techniques. Ce fut, par exemple, la position de Xavier Lacroix, lors de ces mêmes auditions au Sénat.

« L'enjeu de la filiation homosexuée devrait rejoindre celui des AMP (assistance médicale à la procréation). Que ces possibilités techniques existent est une chose. Qu'elles doivent offrir un nouveau modèle pour la parenté en est une autre. Ces techniques existent comme des palliatifs douloureux et aléatoires dans des situations très minoritaires. On ne voit pas au nom de quel sophisme on pourrait affirmer qu'elles rendent caduc le modèle de la filiation fondée sur l'union de deux corps sexués introduisant à une double lignée, paternelle et maternelle, et désignant des places qui vont au-delà des compétences éducatives. En conclusion, on ne change pas un système généalogique par petites touches, il forme un tout cohérent. On ne fait pas des lois pour des cas d'exception. On légifère, en matière de filiation, pour le plus grand nombre. Ensuite, les cas particuliers trouvent leur solution par interprétation et adaptation des règles générales [1]. »

Comment justifier la libéralisation de l'assistance médicale à la procréation dans ces conditions ?

Il me semble qu'il faut, à cet endroit, abandonner le terrain psychologique ou sociologique pour passer au raisonnement normatif.

L'argument normatif

On peut distinguer trois sortes d'arguments en faveur de l'assouplissement de l'encadrement de l'assistance médicale à la procréation et de l'une de ses implications, la levée de l'interdiction de l'homoparentalité :

1. L'argument de l'injustice ou de l'*inégalité devant la loi* des personnes qui ne vivent pas selon le modèle de la famille hétérosexuelle nucléaire.

---

1. Xavier Lacroix, Audition publique de la commission des lois du Sénat sur l'actualité du droit de la famille, « Table ronde sur l'évolution des modes de filiation, 21 mars 2006 », dans *Les nouvelles formes de parentalité et le droit*, Rapport d'information n° 396 de M. Jean-Jacques Hyest, au nom de la commission des lois, déposé le 14 juin 2006.

2. L'argument de la *neutralité de l'État* à propos des conceptions du bien sexuel et familial.
3. L'argument de la *liberté inconditionnelle de procréer*.

Daniel Borillo a proposé de bonnes défenses du premier argument [1]. Pour lui, l'encadrement de l'assistance médicale à la procréation selon le modèle de la famille hétérosexuelle en âge de procréer et ses implications, comme l'interdiction légale de l'homoparentalité et celle de la gestation pour autrui, sont à l'origine de toutes sortes d'inégalités de droits et donc d'injustices.

Ainsi, en principe, tous les enfants devraient être protégés de la même manière. Mais ce n'est pas le cas aujourd'hui. Les enfants vivant dans une famille homoparentale subissent une plus grande précarité juridique. Les exemples de décisions relatives à la délégation de l'autorité parentale et de l'adoption simple en témoignent.

Par ailleurs, tous ceux et celles qui aspirent à devenir parents ne se trouvent pas dans une situation d'égalité devant la loi. Les individus seuls ou les couples homosexuels n'ont pas la possibilité d'accéder aux techniques de l'assistance médicale

---

1. Daniel Borillo, Audition publique de la commission des lois du Sénat sur l'actualité du droit de la famille, « Table ronde sur l'évolution des modes de filiation, 21 mars 2006 », dans *Les nouvelles formes de parentalité et le droit*, Rapport d'information n° 396 de M. Jean-Jacques Hyest, au nom de la commission des lois, déposé le 14 juin 2006.

à la procréation. Une jurisprudence constante du Conseil d'État considère que le refus d'agrément fondé sur l'orientation sexuelle du candidat à l'adoption est légitime.

Il n'y a pas, en France, à ma connaissance, de défenseur attitré de la deuxième position disant qu'un État libéral ne doit pas imposer par la loi un certain style de vie ou une certaine conception du bien sexuel et familial [1]. Selon ce point de vue, si l'encadrement de l'assistance médicale à la procréation privilégie la famille hétérosexuelle nucléaire, il est en contradiction avec le principe de neutralité de l'État libéral à l'égard des conceptions du bien sexuel et familial.

Je ne connais pas non plus de défenseur attitré de la troisième position, qui semble avoir inspiré ce rapport britannique cité plus haut, contestant l'interdiction absolue du clonage reproductif humain, laissant la liberté à une femme de plus de 65 ans de porter un enfant et refusant d'exclure les déprimés ou les alcooliques des bénéfices de l'assistance médicale à la procréation.

Elle est fondée sur l'idée libertarienne de la

---

1. C'est cependant le point de vue que Martine Gross a tendance à défendre (communication personnelle et audition publique à la commission des lois du Sénat sur l'actualité du droit de la famille : « Table ronde sur l'évolution des modes de filiation, 21 mars 2006 », dans *Les nouvelles formes de parentalité et le droit*, Rapport d'information n° 396 de M. Jean-Jacques Hyest, au nom de la commission des lois du Sénat, déposé le 14 juin 2006).

pleine propriété de soi-même. Tout encadrement de l'assistance médicale à la procréation qui serait en contradiction avec la liberté inconditionnelle de procréer et avec le droit de passer toutes sortes de conventions entre adultes consentants du moment qu'elles ne causent pas de torts à des tiers devrait être exclu.

Personnellement, je défends une position minimaliste qui ne s'appuie pas sur la notion de pleine propriété de soi-même ou sur celle de liberté inconditionnelle de procréer.

Elle repose sur certaines implications du principe de non-nuisance aux autres. Si les seuls torts qui puissent justifier l'intervention de l'État par la menace ou la force sont ceux qu'on fait aux autres, il s'ensuit que ceux qu'on se fait à soi-même, ceux que se font entre eux des personnes consentantes et ceux qui sont faits à des entités abstraites doivent être à l'abri de cette intervention.

Le minimalisme n'est cependant pas restreint à ce principe négatif de non-nuisance aux autres et à ses implications.

Il peut admettre aussi un principe positif de considération égale des revendications de chacun qui exclut toute forme de paternalisme [1].

---

1. Pour une justification générale de ce point de vue, voir mon *L'éthique aujourd'hui. Maximalistes et minimalistes.*

À partir de ces principes, le minimalisme aboutit à peu près aux mêmes résultats que les positions libérales ou libertariennes.

Dans la mesure où les procréateurs n'ont, en principe, jamais pour but explicite de causer intentionnellement des torts à qui que ce soit, même dans le cas du clonage, dans la mesure aussi où le principe de considération égale devrait permettre de reconnaître la légitimité des revendications de tous ceux qui ne vivent pas conformément au modèle familial hétérosexuel majoritaire, l'assistance médicale à la procréation devrait exclure toute discrimination sur la base de l'âge, du statut familial ou de l'orientation sexuelle.

CHAPITRE 4

MÈRES PORTEUSES : QUI DOIT DÉCIDER ?

Selon les dispositions pénales de la loi de bioéthique de 2004, les personnes qui participent à un arrangement dont le but est de faire porter un enfant par une personne qui n'en sera pas la mère sont passibles de peines de prison ou d'amendes.

Pour certains défenseurs de cette législation répressive, le plus grand obstacle à sa modification, c'est l'état du droit français qui considère que la mère est celle qui a accouché, même lorsqu'elle porte un embryon obtenu avec les ovocytes d'une autre femme.

Mais il ne faut pas exagérer les contraintes qu'exerce ce fait juridique, car il n'est pas intangible et pourrait être modifié si une majorité de députés en décidait ainsi, comme cela s'est passé dans d'autres pays aussi démocratiques (Royaume-

Uni, Pays-Bas, Grèce, Israël, États-Unis, Belgique, Danemark, Canada, etc.) [1].

Un premier pas vers la décriminalisation ou la libéralisation de la gestation pour autrui a été fait en France en 2008, par un rapport d'information sur la maternité pour autrui, rédigé au nom d'un groupe de travail réuni par le Sénat, par un trio œcuménique, composée d'une sénatrice socialiste et deux UMP [2].

Ils proposent que le recours à une mère porteuse devienne légal pour les couples infertiles dont la femme ne peut pas porter un enfant (parce qu'elle n'a pas d'utérus par exemple) sous certaines conditions très strictes. La gestation pour autrui ne serait ouverte qu'aux couples hétérosexuels justifiant d'une vie commune d'au moins deux ans et en âge de procréer. L'un des deux parents intentionnels devrait être le parent génétique. La gestatrice devrait déjà avoir été mère et ne pas avoir de lien biologique avec l'enfant. Elle ne pourrait pas porter un enfant pour sa fille, mais serait autorisée à le faire pour sa sœur. Elle pourrait changer d'avis et garder le bébé pendant les trois jours suivant l'accouchement. Tout le processus serait contrôlé par un juge et devrait obligatoirement recevoir l'agrément de l'Agence de biomédecine.

---
1. Delaisi de Parseval, *Familles à tout prix*.
2. Rapport n° 421 du Sénat, 27 juin 2008.

Ce projet, pourtant mesuré, suscite déjà les réactions horrifiées des plus conservateurs (à droite comme à gauche), ce qui est plutôt bon signe. Mais sa philosophie n'est pas très claire.

Il existe, en gros, trois sortes de réponses légales et morales aux arrangements qui visent à avoir un enfant au moyen d'une mère porteuse, outre la criminalisation qui prévaut en France [1].

1. *Non-interventionnisme*

Il n'existe aucune bonne raison de criminaliser la gestation pour autrui qui ne cause aucun tort, en principe, à qui que ce soit puisque toutes les parties sont consentantes, que tout le processus vise à satisfaire des préférences légitimes, et que l'intention des parties n'est certainement pas d'aller contre l'intérêt de quiconque, surtout pas de ceux de l'enfant à naître.

Par conséquent, les personnes qui participent à un arrangement dont le but est de faire porter un enfant par une personne qui n'en sera pas la mère sont parfaitement libres de le faire, mais cet arrangement n'a pas la valeur d'un contrat protégé ou garanti par l'État, en ce sens que si les termes de l'arrangement ne sont pas respectés, il n'y a pas de recours légal.

---

1. Tong, « Surrogate Motherhood ».

Si les parents d'intention ne versent pas les dédommagements promis à la mère porteuse, s'ils abandonnent la mère porteuse pendant sa grossesse ou s'ils refusent de prendre en charge l'enfant né, si la mère porteuse ne prend aucun soin d'elle, si elle avorte ou préfère garder son enfant à la naissance, ils ne seront passibles d'aucune autre sanction que la honte dans les meilleurs cas, les menaces et les coups (qui eux-mêmes pourraient être sanctionnés) dans les pires.

2. *Contractualisme*
Cette option est supposée servir de correctif à la précédente, jugée peu cohérente puisque, s'il n'y a pas de raisons de criminaliser la gestation pour autrui, on ne voit pas pourquoi elle devrait se pratiquer dans une sorte de clandestinité et d'être si risquée pour toutes les parties. L'option contractualiste vise à donner un cadre légal à la solution des conflits possibles en cas de gestation pour autrui, tout en laissant la plus large liberté aux parties contractantes de choisir les termes du contrat. C'est à elles de décider si l'arrangement doit être gratuit ou pas, si la gestatrice peut avoir la possibilité de se désister de ses engagements à la naissance et pour combien de temps, si elle doit déjà avoir été mère ou pas, s'il peut concerner des personnes lesbiennes ou homosexuelles ou des

femmes qui n'ont pas de problèmes de santé, mais ne veulent tout simplement pas s'astreindre à porter un bébé.

Bien entendu, l'option contractualiste est limitée, comme le non-interventionnisme, par des principes très généraux de non-nuisance à autrui : consentement des parties, aucune intention de nuire à quiconque.

3. *L'extension du modèle de l'adoption*

L'idée est que la différence entre adopter un enfant après qu'il est né et avant est mineure. Il s'ensuit que la gestation pour autrui ne doit pas être criminalisée mais seulement encadrée par le même genre de lois que celles qui régissent l'adoption, du point de vue du profil des candidats et des droits de la mère. La gestatrice a un avantage légal sur les parents d'intention puisqu'elle peut choisir de conserver son enfant et ne pas entamer la procédure d'adoption comme convenu. Cet avantage peut paraître injuste lorsque les parents d'intention sont aussi les parents génétiques. Par ailleurs, si les conditions que doivent satisfaire les parents d'intention pour être autorisés à demander les services d'une mère porteuse sont les mêmes que celles qui ouvrent le droit à l'adoption, elles risquent d'être aussi injustement restrictives.

Il est difficile de savoir si ce que les sénateurs préconisent, c'est une sorte de décriminalisation vraiment très minimale ou s'ils ont plutôt des sympathies pour l'extension du modèle de l'adoption, comme en témoigne l'avantage légal qu'ils veulent laisser à la gestatrice au moment de la naissance et la liste interminable de conditions nécessaires à l'agrément de la puissance publique.

En tout cas, ils ne semblent pas du tout avoir considéré que le modèle contractualiste soit légitime. Est-il tellement scandaleux d'envisager la possibilité que les citoyens décident par eux-mêmes si l'arrangement doit être gratuit ou pas ? Si la gestatrice peut avoir la possibilité de se désister de ses engagements à la naissance et pour combien de temps ou pas ? Si elle doit déjà avoir été mère ou pas ? Si on peut envisager de recourir à cet arrangement même quand on n'est pas membre d'un couple hétérosexuel dont la femme ne peut pas porter d'enfants pour des raisons médicales [1] ?

Dans ce modèle contractualiste, qui n'est pas non interventionniste, le tout serait garanti par l'État qui pourrait ainsi protéger les parties les plus faibles en excluant les arrangements inéquitables.

---

1. Martine Gross, « La gestation pour autrui peut-être... mais pas pour les homos ? », *www.rue89.com*, 7 juillet 2008.

Psychologie de la mère porteuse

Parmi les arguments qui empêchent d'admettre cette forme de libéralisation de la gestation pour autrui, l'un des plus récurrents est la protection de la mère, qui ne doit pas être réduite au statut de « four à bébés » quels que soient son degré de consentement et les bénéfices matériels ou autres qu'elle puisse en tirer [1].

Il a été clairement présenté par Caroline Eliacheff et René Frydman [2].

Que vaut-il ?

D'après eux, la mère porteuse s'exposerait à des troubles psychologiques importants du fait qu'elle s'engage à abandonner un enfant qu'elle aura porté pendant plusieurs mois et avec qui elle aura développé toutes sortes de relations.

Ils soulignent qu'une grossesse n'est jamais simple, qu'il y a des risques de fausse couche, de baby-blues, de porter un enfant malade, etc.

Face à ces risques, ils estiment que la souffrance des parents infertiles ne devrait pas peser,

---
1. Agacinski, « L'enfant devient une marchandise ».
2. Caroline Eliacheff, René Frydman, « Mères porteuses. A quel prix ? », *Le Monde*, 1er juillet 2008.

car elle est basée sur l'obsession de faire un enfant *génétiquement de soi*, qu'ils jugent moralement injustifiée, étant fondée sur une vision biologisante des rapports humains qu'ils récusent.

C'est un point de vue qui semble cohérent, bien qu'on puisse s'interroger sur les raisons pour lesquelles les motivations de ceux qui veulent un enfant génétiquement de soi à tout prix devraient être jugées tellement dégradantes.

Sont-elles nécessairement *pires* que celles des personnes qui préfèrent adopter ou ne pas avoir d'enfants du tout ?

Il est difficile de voir pourquoi le désir d'avoir un enfant génétiquement de soi serait légitime pour ceux qui sont fertiles, et illégitime pour ceux qui ne le sont pas.

Par ailleurs, de nombreuses études faites aux États-Unis, qui possèdent une certaine expérience dans ce domaine, sont moins catastrophistes. Elles recommandent de ne pas voir la maternité pour autrui seulement sous l'angle des problèmes qu'elle pourrait poser à la mère porteuse, mais aussi des bénéfices psychologiques et moraux qu'elle pourrait tirer d'un acte qui est souvent réfléchi et qui reste généreux même lorsqu'il est rétribué [1].

---

1. Lori B. Andrews, « Beyond Doctrinal Boundaries : a Legal Framework for Surrogate Motherhood », 81, *Virginia Law Review*, 2343, 1995.

Quoi qu'il en soit, à supposer que la maternité pour autrui présente bien tous ces risques, les conclusions politiques qu'il faudrait en tirer resteraient à discuter.

On peut comprendre que l'existence de tels risques soit une bonne raison de parler avec les candidates à la maternité pour autrui, de les informer, et peut-être même d'essayer de les dissuader.

Mais ces risques justifient-ils qu'on protège ces personnes d'elles-mêmes, par la menace ou la force, comme c'est le cas actuellement en France, où les arrangements dont le but est de faire porter un enfant par une personne qui n'en sera pas la mère sont illégaux et sanctionnés par des amendes ou l'emprisonnement lorsqu'ils sont établis ?

N'est-ce pas aux personnes concernées de décider par elles-mêmes, après avoir eu accès à toute l'information nécessaire, si elles veulent prendre certains risques avec leur propre santé ou être confrontées à certains problèmes pour venir en aide à un couple infertile ?

Même dans le cas où la maternité pour autrui est manifestement motivée par une détresse matérielle flagrante, est-il juste de la pénaliser en ajoutant une injustice (les poursuites judiciaires) à une autre injustice (la misère) ?

Caroline Eliacheff et René Frydman se demandent s'il est encore possible d'humaniser la procréation médicalement assistée. Mais leur humanisme ne va pas jusqu'à les inciter à faire confiance aux femmes qui ont décidé de porter un enfant pour d'autres, en supposant qu'elles ont agi de façon équitable, en tenant compte de tous les intérêts en présence et sans volonté de nuire à qui que ce soit.

Conclusion

L'État est-il habilité à définir les meilleures façons de procréer et de mourir et à les imposer à tous par la menace ou la force ?

L'existence des dispositifs répressifs en matière de vie et de mort pose un ensemble de questions philosophiques plutôt classiques.

Dans une société démocratique, laïque et pluraliste, l'État est-il habilité à définir les meilleures façons de procréer et de mourir et à les imposer à tous par la menace ou la force ? Sa tâche ne consiste-t-elle pas plutôt à protéger les conceptions de chacun dans la mesure où elles ne causent aucun tort évident aux autres ? Quels arguments parlent en faveur de l'une ou l'autre de ces politiques ?

Ces questions ne sont pas purement juridiques. Elles ne portent pas sur la *légalité* de l'encadrement de la vie et de la mort aujourd'hui en France et dans la plupart des autres États dits « démocratiques ». Dans ces États, une loi est une loi du moment qu'elle a été amenée au vote de l'assemblée législative en respectant certaines procédures, que la majorité des membres de cette assemblée l'ont adoptée et qu'elle n'est pas en contradiction avec la Constitution, même si les arguments qui ont été invoqués à chacune de ces étapes ont été partisans, confus, incohérents ou même inexistants.

Ces questions concernent la *validité* de ces arguments, leur *cohérence*. Elles se placent dans une perspective philosophique plus large. Et la question qu'on peut se poser dans cette perspective plus large, non exclusivement juridique, est la suivante : le dispositif répressif qui encadre la procréation et la fin de vie en France et dans la plupart des autres États dits « démocratiques » est-il *justifié* par des principes solides ?

Certains penseurs, plus ou moins inspirés par l'œuvre de Michel Foucault, estiment que, dans ces matières de vie et de mort, la focalisation sur les législations coercitives pourrait nous empêcher de prendre conscience de l'ampleur du dispositif répressif.

D'après eux, l'interventionnisme direct et centralisé de l'État par la contrainte violente sur les corps a été remplacé par un dispositif de surveillance diffus encore plus contraignant, visant au contrôle général des esprits, appuyé par l'action particulière des médecins, des psychologues et des services sociaux.

Cependant, à supposer que cette hypothèse empirique soit plausible, ce qui est loin d'être évident [1], elle laisserait intact le problème politique et moral que je me pose. Le dispositif « diffus » par le contrôle des esprits devrait être justifié de la même manière que l'interventionnisme « centralisé » de l'État par la contrainte des corps.

Propriété de soi-même versus autonomie personnelle

À première vue, le libertarien radical devrait juger que ce dispositif répressif est illégitime. D'après lui, chacun est pleinement propriétaire de soi-même et parfaitement libre de disposer de son corps et de ses produits, comme un maître l'est de son esclave. Chacun est libre aussi de s'engager dans un arrangement quelconque avec les autres, du moment qu'il le fait à titre privé, que les parties sont consentantes et ne causent aucun tort direct à des tiers [2].

Dans la mesure où l'avortement, la gestation

---

1. Memmi, « Administrer une matière sensible. Conduites raisonnables et pédagogie du corps autour de la naissance et de la mort ».
2. Vallentyne, « Libertarisme, propriété de soi et homicide consensuel » ; Peter Vallentyne, « Libertarianism and the State », dans Ellen Frankel Paul, Fred D. Miller Jr, Jeffrey Paul, *Liberalism : Old and New*, Cambridge, Cambridge University Press, 2007, p. 187-205.

pour autrui, la procréation artificielle et l'aide active à mourir peuvent être considérés comme des actes qui ne concernent que leurs auteurs ou comme des arrangements privés entre adultes consentants, toute intervention de l'État par des moyens coercitifs et non coercitifs est illégitime.

Mais l'idée de pleine propriété de soi-même, qui est la base de la construction libertarienne, ne va pas de soi, en dépit de ce qu'affirment ses plus fameux avocats, qui voient en elle la meilleure explication de la croyance, largement répandue, que personne n'a le droit de nous priver par la contrainte de parties de notre corps ou des fruits de notre travail.

Pourquoi ne serions-nous pas plutôt la propriété de Dieu? C'est une hypothèse qui pourrait expliquer cette croyance aussi bien, ainsi que certaines de nos réserves à l'égard du suicide.

Notre vie et notre corps seraient inviolables, sacrés, mais ils nous seraient seulement *confiés* par le Créateur de toutes choses et nous ne pourrions pas en disposer à notre gré [1].

Si le libertarien objecte qu'il est plus raisonnable de nous considérer comme des produits du travail procréatif de nos parents génétiques que

---

1. Le libertarianisme classique tel que John Locke l'a formulé endosse plutôt ce genre de thèses. Cf. l'analyse de Robert Nozick, *Anarchie, État et utopie* (1974), trad. Évelyne d'Auzac de Lamartine, revue par Pierre-Emmanuel Dauzat, Paris, PUF, 1988, p. 353.

comme des créatures de Dieu, son principe central devient contradictoire.

Les parents ne sont-ils pas, en principe, propriétaires de la totalité des produits de leur travail ? Pourquoi ne pourraient-ils pas faire ce qu'ils veulent de leurs propres enfants dans ces conditions ? Pourquoi ne pourraient-ils pas les garder en cage pour s'amuser, les tuer, les manger, les vendre, les mettre en gage au mont-de-piété[1] ? Si nous sommes les fruits du travail procréatif de nos parents, comment pouvons-nous être, en même temps, propriétaires de nous-mêmes ?

Les libertariens ne sont évidemment pas complètement incapables de trouver des moyens d'échapper au paradoxe[2]. Mais le fait qu'ils doivent mobiliser des arguments complexes pour y parvenir montre que leur point de vue est loin d'être évident.

En ce qui concerne les conclusions pratiques sur la décriminalisation du suicide assisté ou de l'avortement par exemple, les libéraux qu'on peut appeler « égalitaristes » ont des vues identiques à celle des libertariens.

Ainsi, les plus fameux représentants de cette école de pensée, Ronald Dworkin, Thomas

---

1. Susan Moller-Okin (1989), *Justice, genre et famille*, trad. Ludivine Triaw-Po-Une, Paris, Champs-Flammarion, 2008, p. 189.
2. Speranta Dumitru, « Steiner et la propriété des ressources génétiques », *Raisons politiques*, 23, 2006, p. 145-161.

Nagel, John Rawls, Thomas Scanlon, Judith Jarvis Thomson, ont signé, avec le plus célèbre des libertariens, Robert Nozick, un mémoire en faveur du droit au suicide assisté dans lequel le droit d'avorter était également défendu [1]. Cependant, les bases intellectuelles de leurs positions sont assez différentes.

Pour certains libéraux, ce qui justifie le droit à disposer de son corps et de sa vie, ce n'est pas le fait présumé que nous serions pleinement propriétaires de nous-mêmes, mais un idéal : celui de l'autonomie personnelle. Or, les implications de ces justifications vont parfois dans des directions opposées.

Ainsi, le principe d'indisponibilité du corps humain, qui est souvent invoqué dans le débat public, comme si c'était une référence claire et constante du droit français (ce qu'il n'est pas) [2], exclut toute transaction à caractère *commercial* portant sur des organes, certaines fonctions ou certains produits du corps [3].

---

1. Ronald Dworkin, Thomas Nagel, Robert Nozick, John Rawls, Thomas M. Scanlon, Judith J. Thomson, « Suicide assisté : le mémoire des philosophes », trad. Cécile Déniard, *Raisons politiques*, 11, 2003, p. 29-57.
2. Voir Stéphanie Hennette-Vauchez, *Disposer de soi ? Une analyse du discours juridique sur les droits de la personne sur son corps*, Paris, L'Harmattan, 2004, qui fait remarquer que, dans la loi de bioéthique de 1994, il n'y a pas de référence explicite à la notion d'« indisponibilité » du corps humain.
3. En fait, c'est le principe de *non-patrimonialité* du corps humain seulement qui est retenu dans la loi de 1994, car « indisponibilité »

Il est incompatible, à première vue, avec l'idée de pleine propriété de soi-même, mais pas avec celle d'autonomie personnelle.

Alors que la pleine propriété de soi-même n'impose, en effet, aucune limite à l'usage qu'on peut faire de son propre corps, de ses fonctions et de ses éléments, l'idée d'autonomie personnelle n'exclut pas qu'il y ait des limites, de par ses liens avec celle de devoir moral envers soi-même [1].

Pour donner un exemple : le principe de pleine propriété de soi-même n'interdit pas clairement de se vendre en esclavage [2]. Si on valorise l'autonomie personnelle, c'est plus difficilement concevable, car cet idéal pourrait impliquer un devoir envers soi-même de ne pas renoncer à son autonomie.

Cependant, l'appel à l'autonomie personnelle pour justifier des politiques libérales en matière de procréation et de fin de vie pose deux problèmes : le premier concerne sa définition et le second son statut d'idéal non controversé.

Il n'est pas facile de proposer une définition de l'autonomie personnelle qui puisse faire l'unani-

---

aurait signifié que le corps ne peut pas faire l'objet d'échanges *non commerciaux*, ce qui est faux comme l'atteste la légitimité des dons de sang, de sperme et d'organes. Voir Stéphanie Hennette-Vauchez, *ibid*.

1. C'est très clair chez Kant bien sûr.
2. Peter Vallentyne, « Left-Libertarianism : A Primer », dans Peter Vallentyne et Hillel Steiner (dir.), *Left Libertarianism and its Critics. The Contemporary Debate,* New York, Macmillan, 2001.

mité. Il y a des conceptions pauvres, qui la réduisent à l'expression d'une préférence fût-elle complètement irréfléchie, du moment qu'elle n'a pas été imposée de l'extérieur par la menace ou la force[1]. Mais il y a des conceptions plus exigeantes. D'après elles, pour qu'une préférence puisse être dite authentiquement « autonome », elle doit être passée par le filtre de l'évaluation rationnelle et morale. Elle doit être, de plus, non seulement indépendante de toute contrainte *extérieure* flagrante (la menace ou la force d'autrui) mais aussi de toutes sortes de contraintes *internes* moins perceptibles, qu'elles soient sociales ou psychologiques[2].

C'est au nom de cette dernière conception de l'autonomie personnelle, plus exigeante, plus riche, que certains remettent en cause le rôle du consentement libre et éclairé qui est supposé régler aujourd'hui les relations entre médecins et patients[3].

L'expression du « consentement libre et éclairé » dans des documents officiels serait un rituel creux, du fait que les malades donnent leur assentiment aux actions médicales dans la fatigue, la détresse et l'urgence, sans que les conditions de l'indépendance à l'égard des pressions psychologiques ou sociales aient été garanties et sans que

---

1. O'Neill, *Autonomy and Trust in Bioethics*.
2. *Ibid.*
3. Manson, O'Neill, *Rethinking Informed Consent in Bioethics*.

cet assentiment soit la conclusion d'une délibération rationnelle dans des conditions d'information et de tranquillité d'esprit suffisantes.

Cependant, le problème principal que l'appel à l'autonomie personnelle pose au libéralisme politique n'est pas celui de sa définition. C'est celui de savoir si l'autonomie personnelle peut être considérée comme un idéal non controversé de la vie bonne *quelle que soit sa définition*.

Pour comprendre ce problème dans toutes ses dimensions, il faut savoir que le libéralisme politique n'est pas nécessairement neutre à l'égard de ce qu'on peut appeler les idéaux de la vie bonne ou les conceptions du bien.

L'État peut-il mener une politique visant
à promouvoir un idéal de la vie bonne
à condition qu'il soit non controversé ?

Les libéraux distinguent les idéaux de la vie bonne selon qu'ils sont *controversés* ou *non controversés*.

Un État qui criminaliserait toutes les relations sexuelles hors du cadre du mariage monogame hétérosexuel indissoluble en vue de la procréation, sous prétexte qu'elles seraient « dégradantes », ou « immorales », ne serait probablement pas considéré comme un État libéral.

Pour certains philosophes, c'est parce qu'une telle politique reviendrait à imposer par la menace ou la force un idéal *controversé* de la vie bonne, c'est-à-dire un idéal qui n'est pas partagé par tous les citoyens et qui ne devrait pas nécessairement l'être [1].

Une telle intervention serait déraisonnable parce qu'elle viserait à promouvoir une conception du bien à propos de laquelle il peut y avoir des désaccords raisonnables (problème *épistémique*) et qu'elle pourrait représenter une menace pour la paix sociale (problème de *stabilité politique*) [2].

D'autres philosophes ajoutent que l'État libéral n'aurait pas à se montrer aussi réservé à l'égard des idéaux *non controversés* de la vie bonne, parce que leur promotion par l'État ne poserait pas de problème épistémique et leur imposition ne menacerait pas la stabilité politique.

Ainsi, un tel État pourrait et même *devrait* promouvoir l'idéal de l'autonomie personnelle, parce que dans un tel État, l'idéal de l'autonomie personnelle n'est pas controversé ou ne devrait pas l'être. C'est d'ailleurs son engagement envers l'autonomie personnelle qui en ferait un État *libéral* [3].

---

1. Larmore, « The Moral Basis of Political Liberalism ».
2. *Ibid.* ; Rawls, *Libéralisme politique*.
3. Joseph Raz, *The Morality of Freedom*, Oxford, Clarendon Press, 1986, p. 413-429.

Lorsque Jürgen Habermas se permet d'affirmer que les libéraux favorables au clonage reproductif humain se contredisent, c'est bien pour cette raison. Il existerait, pense-t-il, un conflit entre les engagements fondamentaux des libéraux envers l'autonomie personnelle et la défense du clonage reproductif, car ce dernier menacerait gravement l'autonomie du petit clone [1].

Mais outre que l'objection est douteuse (rien ne dit que l'autonomie du petit clone serait moindre que celle d'un enfant élevé dans un milieu ultrareligieux ou ultranationaliste), on peut se demander s'il est vrai que l'autonomie personnelle est un idéal non controversé de la vie bonne.

Certains voient l'idéal d'autonomie personnelle comme l'expression d'une idéologie individualiste qu'on est libre de ne pas apprécier. Ils estiment que cet idéal, envisagé comme une aspiration à l'indépendance à l'égard de toute forme de contrainte sociale, n'a pas nécessairement plus de valeur que l'idéal d'un engagement fidèle envers une communauté [2].

Dans cet esprit, ils pensent qu'il n'est pas absurde de s'en remettre finalement, pour certains choix de vie, à des autorités religieuses ou autres, comme on s'en remet à des experts en science ou

---

1. Habermas, *L'avenir de la nature humaine*, p. 112-146.
2. Charles Larmore, *The Autonomy of Morality*, Cambridge, Cambridge University Press, 2008.

ailleurs. D'après eux, un État authentiquement libéral devrait respecter cette façon de décider, bien qu'elle ne soit pas l'expression la plus accomplie de l'autonomie.

Quoi qu'il en soit, ce que je conteste, ce n'est pas la possibilité de considérer l'autonomie personnelle comme un *idéal non controversé* de la vie bonne, c'est, beaucoup plus généralement, la possibilité de justifier l'action de l'État libéral par des conceptions de la vie bonne *même lorsqu'elles ne sont pas controversées*. Pourquoi ?

Neutralité éthique de l'État

Comparons l'idée de neutralité éthique de l'État et le principe de neutralité religieuse.

Imaginons que les citoyens d'un certain État soient tous membres de la même Église, disons catholique. Il s'agirait d'une religion non controversée, dont la promotion ne menacerait nullement la stabilité politique : elle pourrait même la renforcer.

Supposons à présent que l'État invoque constamment les Évangiles pour justifier son action, sous prétexte qu'il s'agit du texte de référence de cette religion non controversée, garante de la stabilité sociale.

L'État n'imposerait aucune conception religieuse controversée et il ne mettrait pas en danger la paix sociale. Il n'y aurait ni problème épistémique, ni problème de stabilité politique.

Serait-il approprié de l'appeler « libéral » ? Les philosophes spécialisés dans la question ont l'air d'en douter [1].

On pourrait dire, avec un gros grain de sel, certes, qu'il en va de même pour les conceptions morales d'ensemble comme les appelle John Rawls [2].

Supposons que l'État justifie systématiquement son action en invoquant l'éthique des vertus d'Aristote au motif qu'elle fait l'*unanimité* parmi les citoyens (ce qui, fort heureusement, n'est pas le cas).

Qui continuerait de penser qu'il est libéral ?

En réalité, ce n'est pas seulement le caractère *controversé* des conceptions religieuses qui interdit à l'État libéral de marquer sa préférence pour l'une d'entre elles au détriment des autres dans la justification de son action.

De la même façon, ce n'est pas seulement le caractère *controversé* des conceptions morales qui exclut la possibilité que l'État libéral y fasse référence pour justifier son action.

---

1. Arneson, « Liberal Neutrality and the Good : An Autopsy », p. 196.
2. Rawls, *Libéralisme politique*.

Ce qui justifie l'exigence de neutralité de l'État à l'égard des conceptions morales ou religieuses, à mon avis, ce n'est pas seulement le problème épistémique (le fait que ces conceptions sont, par nature, l'objet de controverses parce qu'elles sont toutes aussi indémontrables) ou l'exigence de stabilité politique (c'est-à-dire la nécessité de garantir la coexistence pacifique de personnes qui ne partagent pas les mêmes convictions morales ou religieuses).

C'est aussi le fait que l'État libéral est un *État de droit*, et qu'en principe, le droit libéral et rationnel n'est plus fondé sur une conception morale particulière ou sur une religion, fussent-elles majoritaires [1].

Mais il me faudrait trop de place pour justifier cette hypothèse, que je laisserai donc ici dans cet état rustique.

Absolutisme et conséquentialisme

Le véritable problème des libéraux et des libertariens, dans leur conflit avec les conservateurs, c'est qu'ils admettent, pour de très bonnes raisons, que les interventions de l'État par la menace ou la force sont légitimes quand leur but est

---

1. Hart, « Positivism and the Separation of Law and Morals ».

d'éviter que des *torts soient commis envers les autres*.

Or, si le programme de libéralisation de la procréation et de l'aide active à mourir est tellement contesté, c'est précisément parce qu'il est supposé causer des dommages injustes à toutes sortes d'êtres particulièrement vulnérables, directement, en portant atteinte à leur intégrité physique ou psychique et à leurs droits, ou indirectement, en menaçant certaines institutions qui les protègent et en dévalorisant profondément leur condition.

En fait, il y a deux objections internes importantes à la libéralisation de la procréation et de l'aide active à mourir.

Selon la première, que je viens d'évoquer, elle pourrait causer des dommages injustes à des personnes particulièrement vulnérables.

Selon la deuxième, il se pourrait que la défense de la liberté la plus large possible en matière de procréation et de fin de vie soit contradictoire. Il serait impossible de garantir en même temps la liberté de procréer et de ne pas procréer, la liberté de ne pas continuer à vivre si on n'y tient plus et celle de continuer à vivre même dans les pires conditions.

Dans un État où l'avortement même tardif et la sélection des embryons après diagnostic prénatal seraient complètement libres, les femmes qui décideraient, pour toutes sortes de raisons, de ne pas avorter alors qu'elles sont enceintes d'un enfant porteur d'une maladie grave, douloureuse et incurable, seraient poussées à envisager de ne pas le conserver et peut-être même dans l'obligation sociale d'avorter.

Dans un État où l'aide active à la mort serait complètement décriminalisée, les malades incurables en fin de vie seraient conduits à demander l'aide à mourir, même si leur désir profond était de continuer de vivre. Il se pourrait même qu'ils finissent par être carrément éliminés.

Comme dans un jeu à somme nulle, la liberté des uns en matière de procréation et de fin de vie serait une entrave à la liberté des autres [1].

Toutes ces raisons expliquent pourquoi, à partir des mêmes prémisses libertariennes ou libérales, on peut aboutir à des conclusions opposées en matière de liberté d'avorter ou de droit à une assistance médicale à mourir entre autres.

Certains libertariens plaident pour le droit d'avorter au nom du principe de la pleine propriété de soi-même, alors que d'autres l'excluent au nom du principe qui nous demande de ne pas nuire aux autres [2].

---

1. Eric Rakowski, « Reverence for Life and the Limits of State Power », Justine Burley (dir.), *Dworkin and its Critics*, Oxford, Blackwell Publishing, 2004, p. 240-263.
2. Wendy McElroy, « Abortion. A Principled Defense of Woman's Right To Choose », 25 mai 2008, dans WendyMcElroy.com : a site for individualist feminism and individualist anarchism.

Le droit à une assistance médicale à mourir pose moins de problèmes au libertarien, dans la mesure où elle n'implique que des personnes capables en principe de consentir directement ou par délégation.

Même chose pour les libéraux. Certains défendent la liberté d'avorter la plus large possible au nom du principe de l'autonomie personnelle, alors que d'autres l'excluent au nom du principe de non-nuisance à autrui [1].

Pour les conservateurs absolutistes, la contraception, l'avortement, l'assistance médicale à la procréation qui pourrait impliquer la masturbation pour le don de sperme, l'aide active à mourir doivent être strictement prohibés, quels que soient les torts concrets causés à des personnes concrètes, au nom de commandements religieux précis comme « Croissez et multipliez » ou de principes généraux adoptés par les religieux comme le « droit à la vie » ou la « valeur sacrée de la vie » [2].

Cette position déontologique absolutiste est bien connue. Elle a été dénoncée pour ses effets dévastateurs sur la santé publique dans les campagnes pour la prévention du sida.

On pourrait penser qu'il existe une position

---

[1]. Eric Rakowski, « Reverence for Life and the Limits of State Power ».
[2]. Warnock, *Making Babies*, p. 30.

libérale absolutiste exactement inverse qui défendrait *la liberté de ne pas procréer et le droit de mourir quelles que soient les conséquences,* quels que soient les torts concrets causés à des personnes concrètes, quelle que soit la quantité de victimes. Ce serait une erreur, je crois.

Bien qu'une telle position absolutiste ne soit pas inconcevable, elle ne pourrait pas être défendue *en tant que conception politique libérale* car pour un libéral, toutes les libertés ont des limites qui sont celles de la liberté des autres et celles des torts qu'on peut leur causer.

J'ajouterai que, dans le débat public, même les conservateurs absolutistes ont tendance à exploiter l'argument de la non-nuisance aux autres dans un esprit conséquentialiste.

Je parle d'esprit conséquentialiste, dans la mesure où l'on pourrait aussi considérer que le principe de non-nuisance aux autres est absolutiste, qu'il n'admet aucun compromis, aucune dérogation.

Il est sûr que les conceptions conséquentialistes sont aussi impératives que les doctrines déontologiques. Elles nous disent ce qu'il faut faire. Mais la justification des normes conséquentialistes repose sur une visée du plus grand bien ou du moindre mal, et, en ce sens, elle n'exclut pas des compromis et des dérogations, ce qui n'est pas le cas des normes déontologiques absolutistes.

Finalement, c'est autour du principe de non-nuisance aux autres, compris dans ce sens conséquentialiste, que tourne une bonne partie du débat public autour de la vie et de la mort.

À supposer qu'il soit légitime de laisser la plus large liberté possible aux personnes de faire ce qu'elles veulent de leur propre vie du moment qu'elles ne nuisent pas intentionnellement aux autres, il faudrait encore être sûr que cette liberté n'est pas génératrice de torts aux autres en grand nombre.

C'est l'objection principale de ceux qui militent pour le maintien du dispositif répressif en matière de procréation et de vie. La libéralisation des règles de la procréation et la légalisation de la mort assistée seraient, d'après eux, des *machines à fabriquer des victimes*.

Pour répondre à l'objection, j'ai proposé de limiter la portée du principe de non-nuisance aux torts concrets causés directement et intentionnellement à des personnes existantes autres que soi-même, dans la mesure où ils n'ont pas été consentis.

Il m'a semblé que si ces limites étaient admises, la gestation pour autrui, l'aide active à mourir, l'interruption volontaire d'une grossesse, fût-elle tardive, la sélection des embryons passeraient du statut d'atteintes graves aux autres à celui de « *crimes sans victimes* », qui ne devrait horrifier personne.

Mais comment justifier de telles restrictions dans le domaine de la procréation de la fin de vie ?

Deux grands ensembles de raisons parlent en leur faveur.

1. Dans le domaine de la procréation, le principe de non-nuisance aux autres ne peut pas s'appliquer à l'enfant qui n'est pas encore né pour des raisons conceptuelles et empiriques. On peut estimer qu'il y a quelque chose de choquant ou d'irresponsable dans le fait d'amener à la naissance un bébé porteur de handicaps graves et incurables en étant parfaitement informé. Mais il y a des obstacles conceptuels à juger qu'en se comportant ainsi, on cause des torts au bébé à naître, si l'alternative est de ne pas le faire venir au monde du tout. C'est pourquoi il est si difficile de construire une argumentation solide contre les personnes qui ne renoncent pas à leur projet procréatif lorsqu'elles apprennent que l'enfant à naître est porteur d'un grave handicap, indépendamment de toute considération religieuse ou non religieuse sur la « valeur sacrée de la vie ».

2. Dans le domaine de la fin de vie, le principe de non-nuisance aux autres ne peut pas s'appliquer au candidat à la mort douce, euthanasie active ou passive ou suicide assisté, puisqu'il est,

dans tous les cas, consentant en principe, et qu'on ne peut pas causer de tort à celui qui consent. Dans la mesure où on estime que, même si le consentement mutuel des participants est toujours imparfait, il reste un critère décisif, on peut conclure que le principe de non-nuisance ne s'applique pas au candidat à la mort assistée.

Pour mettre des actions et des relations à l'abri de toute sanction pénale, il ne suffit pas cependant d'affirmer qu'il s'agit de crimes sans victimes. Il faut aussi justifier l'idée que les crimes sans victimes ne doivent pas faire l'objet de sanctions pénales. Pourquoi faudrait-il préférer un système de dispositions pénales qui n'admet pas de crimes sans victimes ?

Il m'a semblé qu'il serait intéressant de chercher une réponse du côté de ce qui pourrait nous faire préférer une éthique minimaliste à une éthique maximaliste. J'ai suggéré qu'un système pénal qui admet les crimes sans victimes reposerait sur une morale maximaliste qu'il y aurait des raisons de rejeter.

Mais il existe aussi des raisons *politiques* de débarrasser le système pénal des crimes sans victimes. Si on estime que le seul motif d'intervention légitime de l'État par la menace ou la force (amendes, emprisonnement, etc.), c'est le tort causé aux autres, il faudra considérer que les actes qui ne causent de torts qu'à soi-même (comme le suicide ou l'automutilation) ou à des entités abstraites (comme les dieux, les anges, les religions, les repères et les valeurs) ainsi que les dommages que se causent entre elles des personnes consentantes (dans les jeux sadomasochistes par exemple), ne peuvent pas faire l'objet de sanctions pénales.

Or ces actes sont précisément ceux qu'on appelle des « crimes sans victimes ». Tout État qui voudrait limiter son intervention par la menace ou la force aux cas de torts causés aux autres devrait donc exclure les crimes sans victimes de son système pénal.

Cette idée ne s'est manifestement pas encore imposée dans les domaines de la procréation et de la mort assistée.

Tout ce que je peux espérer, c'est qu'elle puisse servir d'argument dans le débat public en faveur de la décriminalisation de la mort assistée, de la libéralisation de l'assistance médicale à la procréation et du droit de ne pas procréer.

BIBLIOGRAPHIE

AGACINSKI S., « L'enfant devient une marchandise », *Libération*, 14 août 2008.

AINSLIE D. A., « Bioethics and the Problem of Pluralism », dans Ellen Frankel Paul, Fred D. Miller Jr, Jeffrey Paul (dir.), *Bioethics*, Cambridge, Cambridge University Press, 2002, p. 1-28.

AMERICAN PSYCHOLOGICAL ASSOCIATION, TASK FORCE ON MENTAL HEALTH AND ABORTION, *Report of the Task Force on Mental Health and Abortion*, Washington DC, 2008.

ANDREWS L.B., « Beyond Doctrinal Boundaries : a Legal Framework for Surrogate Motherhood », 81, *Virginia Law Review*, 2343, 1995.

ANSCOMBE G.E.M., *L'Intention* (1957), trad. Mathieu Maurice, Cyrille Michon, préface Vincent Descombes, Paris, Gallimard, 2002.

ARMENGAUD J.H., « Le trépas en prime time », *Libération*, 11 décembre 2008.

ARNESON R., « Liberal Neutrality and the Good : An Autopsy » dans Steven Wall et George Klosko (dir.), *Perfectionnism and Neutrality. Essays in Liberal Theory*, Lanham, Rowman & Littlefield, 2003, p. 192-218.

BAERTSCHI B., *Enquête philosophique sur la dignité. Anthropologie et éthique des biotechnologies*, Genève, Labor et Fides, 2005.

BEAUCHAMP T.L., CHILDRESS J.F., *Les principes de l'éthique biomédicale*, 5ᵉ éd. 2001, trad. Martine Fisbach, Paris, Les Belles Lettres, 2008.

BENKIMOUN P., PRIEUR C., « De l'assistance médicale à la procréation aux tests génétiques : les questions en débat », *Le Monde*, 27 novembre 2008.

BIOY X., « Les crimes contre l'espèce humaine. Ou de la réintroduction en droit d'une espèce de référent naturel », dans Stéphanie Hennette-Vauchez (dir.), *Bioéthique, biodroit, biopolitique*,

Réflexions à l'occasion du vote de la loi du 4 août 2004, Paris, LGDJ, 2006, p. 101-119.
BOLTANSKI L., *La condition fœtale. Une sociologie de l'engendrement et de l'avortement*, Paris, Gallimard, 2004.
BONDOLFI A., HALDEMANN F., MAILLARD N. (dir.), *La mort assistée en arguments*, Georg éditeur, Chêne-de-Bourg, 2007.
BOONIN D., *The Problem of Punishment*, Cambridge, Cambridge University Press, 2008.
— *A Defense of Abortion*, Cambridge, Cambridge University Press, 2003.
BORILLO D., Audition publique de la commission des lois du Sénat sur l'actualité du droit de la famille, « Table ronde sur l'évolution des modes de filiation, 21 mars 2006 », dans *Les nouvelles formes de parentalité et le droit*, Rapport d'information n° 396 de M. Jean-Jacques Hyest, au nom de la commission des lois du Sénat, déposé le 14 juin 2006.
BUCHANAN A., « Genetic Manipulation and the Morality of Inclusion », *Social Philosophy and Policy*, 13, 1996, p. 18-46.
BURLEY J. et HARRIS J. (dir.), *A Companion to Genethics*, Oxford, Blackwell Publishing, 2002.
CAYLA O., « Le droit de se plaindre », dans Olivier Cayla, Yan Thomas, *Du droit de ne pas naître. À propos de l'affaire Perruche*, Paris, Gallimard, 2002, p. 52-54.
— « Le plaisir de la peine et l'arbitraire pénalisation du plaisir », dans Danièle Lochak, Daniel Borillo (dir.), *La liberté sexuelle*, Paris, PUF, 2006, p. 89-106.
CLAEYS A., HURIET C., Rapport n° 1407 sur l'application de la loi n° 94-654 du 29 juillet 1994 relative au don et à l'utilisation des éléments et produits du corps humain, à l'assistance médicale à la procréation et au diagnostic prénatal, Office parlementaire d'évaluation des choix scientifiques et technologiques, 1999.
Code pénal, Paris, Dalloz, 2006.
COMITÉ CONSULTATIF NATIONAL D'ÉTHIQUE, Rapport n° 63, « Fin de vie, arrêt de vie, euthanasie », 27 janvier 2000.
DEKEUWER-DEFOSSEZ F., Audition publique de la commission des lois du Sénat sur l'actualité du droit de la famille. « Table ronde sur l'évolution des modes de filiation, 21 mars 2006 », dans *Les nouvelles formes de parentalité et le droit*, Rapport d'information n° 396 de M. Jean-Jacques Hyest, au nom de la commission des lois du Sénat, déposé le 14 juin 2006.
DELAISI DE PARSEVAL G., *Familles à tout prix*, Paris, Le Seuil, 2008.
DESCAMPS P., *Le sacre de l'espèce humaine. Le droit au risque de la bioéthique*, PUF, 2009.

— *Un crime contre l'espèce humaine ? Enfants clonés, enfants damnés*, Paris, Les Empêcheurs de penser en rond, 2004.

DUMITRU S., « Steiner et la propriété des ressources génétiques », *Raisons politiques*, 23, 2006, p. 145-161.

— « À combien de clones aurions-nous droit ? Deux façons de mesurer la liberté de procréation », *Raison publique* (à paraître).

DWORKIN R., « Playing God : Genes, Clones and Luck », dans *Sovereign Virtue. The Theory and Practice of Equality*, Cambridge, Mass., Harvard University Press, 2000, p. 427-452.

— *Life's Dominion. An Argument about Abortion, Euthanasia and Individual Freedom*, New York, Vintage Books, 1994, trad. partielle Marc Ruëgger dans Alberto Bondolfi, Frank Haldemann, Nathalie Maillard (dir.), *La mort assistée en arguments*, Genève, Georg éditeur, 2007, p. 133-160.

DWORKIN R., NAGEL T., NOZICK R., RAWLS J., SCANLON T., THOMSON J.J., « Suicide assisté : le mémoire des philosophes », trad. Cécile Déniard, *Raisons politiques*, 11, 2003, p. 29-57.

ELIACHEFF C., FRYDMAN R., « Mères porteuses. A quel prix ? », *Le Monde*, 1ᵉʳ juillet 2008.

ENGELHARDT H.T., « The Ordination of Bioethicists as Secular Moral Experts », dans Ellen Frankel Paul, Fred D. Miller Jr, Jeffrey Paul (dir.), *Bioethics*, Cambridge, Cambridge University Press, 2002, p. 59-82.

EVIN C., « Les droits du malade », *Pouvoirs*, 89, 1999, p. 15-30.

FEINBERG J., *Harmless Wrongdoing. The Moral Limits of Criminal Law. Volume Four*, Oxford, Oxford University Press, 1988.

— *Harm to Self. The Moral Limits of Criminal Law. Volume Three*, Oxford, Oxford University Press, 1986.

— *Harm to Others. The Moral Limits of Criminal Law. Volume One*, Oxford, Oxford University Press, 1984.

FLETCHER J., « L'euthanasie : notre droit de mourir », trad. Marc Ruëgger, dans Alberto Bondolfi, Frank Haldemann, Nathalie Maillard (dir.), *La mort assistée en arguments*, Genève, Georg éditeur, 2007, p. 211-226.

FOOT P., « The Problem of Abortion and the Doctrine of Double Effect » (1967), dans *Virtues and Vices*, Oxford, Basil Blackwell, 1978, p. 19-32.

FRAISSE G., *Du consentement*, Paris, Le Seuil, 2007.

FRIEDMAN L.M., *Brève histoire du droit aux États-Unis* (2002), trad. Monique Berry, Éditions Saint-Martin, Québec, 2004.

FUKUYAMA F., *La fin de l'homme. Les conséquences de la révolution biotechnique*, Paris, Gallimard, 2002.

GLOVER J., *Choosing Children. The Ethical Dilemmas of Genetic Intervention*, Oxford, Clarendon Press, 2006.
GOFFI J.Y., *Penser l'euthanasie*, Paris, PUF, 2004
GOSSERIES A., *Penser la justice entre les générations. De l'affaire Perruche à la réforme des retraites*, Paris Aubier, 2004.
GROSS M., « La gestation pour autrui peut-être... mais pas pour les homos? », *www.rue89.com,* 7 juillet 2008.
— Audition publique de la commission des lois du Sénat sur l'actualité du droit de la famille. « Table ronde sur l'évolution des modes de filiation, 21 mars 2006 », dans *Les nouvelles formes de parentalité et le droit*, Rapport d'information n° 396 de M. Jean-Jacques Hyest, au nom de la commission des lois du Sénat, déposé le 14 juin 2006.
— *L'homoparentalité*, Paris, PUF, 2003.
HABERMAS J., « Qu'est-ce qu'une société post-séculière ? », *Le Débat*, novembre-décembre 2008, p. 4-15.
— *L'avenir de la nature humaine. Vers un eugénisme libéral?* 2001, trad. Christian Bouchindomme, Paris, Gallimard, 2002.
HARE C., « Voices from Another World : Must We Respect the Interests of People Who Do Not and Will Never Exist ? », *Ethics*, avril 2007, p. 498-523.
HARRIS J., « Goodbye Dolly? L'éthique du clonage humain », (1997), trad. Nathalie Maillard Romagnoli, dans Frank Haldemann, Hugues Poltier, Simone Romagnoli (dir.), *Le clonage humain en arguments*, Genève, Georg éditeur, 2005, p. 107-136.
HART H.L.A., *Law, Liberty, and Morality*, Stanford, Stanford University Press, 1963.
— « Positivism and the Separation of Law and Morals », *Harvard Law Review*, 1958, 71, 4, p. 593-629.
HEALY T., « Stigmatic Harm and Standing », *Iowa Law Review*, 92, 2006, p. 417.
HENNETTE-VAUCHEZ S., « Bioéthique, biodroit, biopolitique : politique et politisation du vivant », dans Stéphanie Hennette-Vauchez (dir.), *Bioéthique, biodroit, biopolitique, Réflexions à l'occasion du vote de la loi du 4 août 2004*, Paris, LGDJ, 2006, p. 29-50.
— *Disposer de soi? Une analyse du discours juridique sur les droits de la personne sur son corps*, Paris, L'Harmattan, 2004.
HENNEZEL M. DE, « Permettre la mort », dans *Doit-on légaliser l'euthanasie?*, André Comte-Sponville, Marie de Hennezel, Axel Kahn, sous la direction d'Alain Houziaux, Paris, Éditions de l'Atelier, 2004, p. 75-101.
HOHFELD W.N., *Fundamental Legal Conceptions as Applied in*

Judicial Reasoning (1919), New Haven, Yale University Press, 1964.
HOTTOIS G., *Qu'est-ce que la bioéthique?*, Paris, Vrin, 2004.
IACUB M., *L'empire du ventre. Pour une autre histoire de la maternité*, Paris, Fayard, 2004.
JIMENEZ C.S., « La chasse aux trafiquants de reins est ouverte », *Courrier international*, 921, 26 juin-2 juillet 2008.
JOUANNET P., « Principes éthiques, pouvoir médical et responsabilités du praticien », *Pouvoirs*, 89, 1999, p. 5-14.
KAHN A., *L'ultime liberté*, Paris, Plon, 2008.
KANT E. *Métaphysique des mœurs II. Doctrine de la vertu* (1797) trad. Alain Renaut, Paris, GF, 1994.
Kant E., *Fondements de la métaphysique des mœurs* (1785), trad. Victor Delbos revue par Alexandre Philonenko, Paris, Vrin, 1982.
KITCHER P., « Les vies potentielles », dans Jean Gayon, Daniel Jacobi (dir.), *L'éternel retour de l'eugénisme*, Paris, PUF, 2006, p. 271-287.
LACROIX X., Audition publique de la commission des lois du Sénat sur l'actualité du droit de la famille. « Table ronde sur l'évolution des modes de filiation, 21 mars 2006 », dans *Les nouvelles formes de parentalité et le droit*, Rapport d'information n° 396 de M. Jean-Jacques Hyest, au nom de la commission des lois du Sénat, déposé le 14 juin 2006.
LARMORE C., « The Moral Basis of Political Liberalism », *The Journal of Philosophy*, vol. XCVI, 12, décembre 1999, p. 599-625 ; repris dans *The Autonomy of Morality*, Cambridge, Cambridge University Press, 2008, p. 139-167.
— *The Autonomy of Morality*, Cambridge, Cambridge University Press, 2008.
LE BARS S., « Les évêques veulent peser sur la révision des lois bioéthiques », *Le Monde*, 9 novembre 2008.
LEBRETON G., *Libertés publiques et droits de l'homme*, 5ᵉ éd., Paris, Armand Colin, 2001, p. 260.
LEONETTI J., Rapport d'information n° 1287, fait au nom de la mission d'évaluation de la loi n° 2005-370, du 22 avril 2005, relative aux droits des malades et à la fin de vie, Assemblée nationale, 25 novembre 2008.
LEVASSEUR G., « Le suicide en droit pénal », dans François Terré (dir.), *Le suicide*, Paris, PUF, 1994, p. 121-131.
MANSON N.C., O'NEILL O., *Rethinking Informed Consent in Bioethics*, Cambridge Cambridge University Press, 2007.
MAURON A., « La médecine moderne et l'assistance au suicide en

Suisse. Synthèse du point de vue de la commission nationale d'éthique. Symposium de Zurich, 17-18 septembre 2004 », dans C. Rehmann-Sutter, A. Bondolfi, J. Fischer et M. Leuthold (dir.), *Beihilfe Suizid in der Schweiz. Beiträge aus Ethik, Recht und Medizin*, Berne, Peter Lang Publishers, 2006, p. 309-319.

MCELROY, « Abortion. A Principled Defense of Woman's Right To Choose », 25 mai 2008, dans WendyMcElroy.com : a site for individualist feminism and individualist anarchism.

MCMAHAN J., « Paradoxes of Abortion and Prenatal Injury », *Ethics*, 116, 4, juillet 2006, p. 625-655.

— *The Ethics of Killing. Problems at the Margins of Life*, Oxford, Oxford University Press, 2002.

— « Wrongful Life : Paradoxes in the Morality of Causing People to Exist », dans Jules L. Coleman et Christopher W. Morris (dir.), *Rational Commitment and Social Justice. Essays for Gregory Kavka*, Cambridge, Cambridge University Press, 1998, p. 208-247.

MEHL D., *Enfants du don. Procréation médicalement assistée. Parents et enfants témoignent*, Paris, Robert Laffont, 2008.

MEMMI D., « Administer une matière sensible. Conduites raisonnables et pédagogie du corps autour de la naissance et de la mort », dans Didier Fassin et Dominique Memmi (dir.), *Le gouvernement des corps*, Paris, Éditions de l'EHESS, 2004, p. 136-143.

— *Les gardiens du corps. Dix ans de magistère bioéthique*, Éditions de l'EHESS, 1996.

MERRILL R., « Neutralité politique et pluralisme des valeurs », thèse de doctorat sous la direction de Monique Canto-Sperber et Daniel Weinstock, EHESS, mai 2008.

MILL J.S., *De la liberté* (1859), trad. et préface Fabrice Pataut, Paris, Presses Pocket, 1990.

MILLIEZ J., *L'euthanasie du fœtus. Médecine ou eugénisme?*, Paris, Odile Jacob, 1999, p. 53-67.

MOLLER-OKIN S. (1989), *Justice, genre et famille*, trad. Ludivine Thiaw-Po-Une, Paris, Champs-Flammarion, 2008.

Note de synthèse sur les législations de cinq pays européens relatives à l'assistance médicale à la procréation et à la recherche sur l'embryon : Allemagne, Danemark, Espagne, Royaume-Uni, et Suisse : *www.senat.fr*.

NOZICK R., *Anarchie, État et utopie* (1974), trad. Evelyne d'Auzac de Lamartine, revue par Pierre-Emmanuel Dauzat, Paris, PUF, 1988.

O'NEILL O., *Autonomy and Trust in Bioethics*, Cambridge, Cambridge University Press, 2002.

OGIEN R., *L'éthique aujourd'hui. Maximalistes et minimalistes*, Paris, Gallimard, 2007.
OGIEN R., TAPPOLET C., *Les concepts de l'éthique. Faut-il être conséquentialiste?*, Paris, Hermann, 2008,
PAILLET A., *Sauver la vie, donner la mort*, Paris, La Dispute, 2007.
PINKER S., « The Stupidity of Dignity. Conservative Bioethics' Latest Most Dangerous Ploy », *The New Republic*, 28 mai 2008.
PRIEUR C., « Fin de vie, euthanasie : le débat est-il clos ? », *Le Monde*, 23 novembre 2008.
— « La légalisation de l'euthanasie rejetée », *Le Monde*, 3 décembre 2008.
PURDY L.M., « Genetics and Reproductive Risks : Can Having Children Be Immoral ? », dans Helga Kushe et Peter Singer, *Bioethics*, 2ᵉ éd., Oxford, Blackwell Publishing, 2006, p. 113-121.
RACHELS J., « Euthanasie active et euthanasie passive », dans Alberto Bondolfi, Frank Haldemann, Nathalie Maillard (dir.), *La mort assistée en arguments*, Genève, Georg éditeur, 2007, p. 181-186.
RAKOWSKI E., « Reverence for Life and the Limits of State Power », dans Justine Burley (dir.), *Dworkin and its Critics*, Oxford, Blackwell Publishing, 2004, p. 240-263.
RAWLS J., *Libéralisme politique* (1993), trad. Catherine Audard, Paris, PUF, 1995.
RAZ J., *The Morality of Freedom*, Oxford, Clarendon Press,1986.
ROBERTSON J., *Children of Choice. Freedom and the New Reproductive Technologies*, Princeton, NJ, Princeton University Press, 1994.
ROTMAN C., « La bioéthique au quotidien dans un service de procréation assistée », *Libération*, 28 novembre 2008.
SASTRE P., *Ex utero. Pour en finir avec le féminisme*, Paris, La Musardine, 2008.
SINGER P., *Questions d'éthique pratique* (1993), trad. Max Marcuzzi, Paris, Bayard,1997.
SPRANZI M., « Is Passive Euthanasia Morally Superior to Active Euthanasia ? Evidence from Pre-Reflective Judgments in the Ward » (ms.).
STEINBOCK B., « Peut-il être injuste pour un enfant de naître ? », dans Marcela Iacub et Pierre Jouannet, *Juger la vie. Les choix médicaux en matière de procréation*, Paris, La Découverte, 2001, p. 80-92.
TAGUIEFF P-A., *La bioéthique ou le juste milieu. Une quête de sens à l'âge du nihilisme technicien*, Paris, Fayard, 2007.
TAPPOLET C., « Le droit au suicide assisté et à l'euthanasie : une

question de respect de l'autonomie ? », *Revue philosophique de Louvain*, 101, février 2003, p. 43-57.

TERRÉ F. (dir.), *Le suicide*, Paris, PUF, 1994.

THOMAS D'AQUIN, *Somme théologique*, Paris, Éditions du Cerf, 1984.

THOMAS Y., « *Fictio legis*. L'empire de la fiction romaine et ses limites médiévales », *Droits*, 21, 1995, p. 17-63.

THOMSON J.J., « A Defense of Abortion », *Philosophy & Public Affairs*, 1, 1971, p. 47-66

— « Physician-Assisted Suicide : Two Moral Arguments », *Ethics, Special Issue : Symposium on Physician-Assisted Suicide*, 109, 3, avril 1999, p. 497-518.

THORAVAL A., « "Frankenstein" chez les députés anglais », *Libération*, 25 mars 2005.

TONG R., « Surrogate Motherhood », dans R.G. Frey et Christopher Heath Velleman, *A Companion to Applied Ethics*, Oxford, Blackwell Publishing, 2005, p. 369-381.

TSARAPATSANIS D., *Les fondements éthiques des discours juridiques sur le statut de la vie humaine anténatale*, thèse de doctorat sous la direction de Michel Troper, Nanterre-Paris X, 22 novembre 2008.

VALLENTYNE P., « Left-Libertarianism : A Primer », dans Peter Vallentyne et Hillel Steiner (dir.), *Left Libertarianism and its Critics. The Contemporary Debate*, New York, Macmillan, 2001.

— « Libertarianism and the State », dans Ellen Frankel Paul, Fred D. Miller, Jr, Jeffrey Paul, *Liberalism : Old and New*, Cambridge, Cambridge University Press, 2007, p. 187-205.

— « Libertarisme, propriété de soi et homicide consensuel », *Revue philosophique de Louvain*, 101, 2003, p. 5-25.

WARNOCK M., *Making Babies. Is there a Right to Have Children ?*, Oxford, Oxford University Press, 2002.

WARNOCK M., MACDONALD E., *Easeful Death. Is there a Case for Assisted Suicide ?*, Oxford, Oxford University Press, 2008.

WILLIAMS B., « L'argument de la pente glissante » (1986), dans *La fortune morale*, trad. Jean Lelaidier, Paris, PUF, 1994, p. 337-351.

WOOD A.W., *Kantian Ethics*, Cambridge, Cambridge University Press, 2008.

ZIMMERMANN-AKLIN M., « Le modèle néerlandais : un concept directeur ? », trad. Sylvain Fattebert, dans Alberto Bondolfi, Frank Haldemann, Nathalie Maillard (dir.), *La mort assistée en arguments*, Genève, Georg éditeur, 2007, p. 313-331.

REMERCIEMENTS

En relisant la liste de tous ceux qui ont eu la générosité de commenter les premières versions de ce livre, je constate qu'il est devenu peu à peu le produit d'une sorte de travail collectif, qui me laisse seulement la responsabilité de toutes les erreurs, et des idées les plus indéfendables.

Je tiens à les remercier tous, en commençant par Patrick Savidan, qui m'a invité à écrire ce livre pour sa collection et l'a accompagné jusqu'à sa rédaction finale à sa façon si professionnelle et si généreuse, avec une totale confiance.

Merci aussi à Jacques Katuszewski, que j'ai beaucoup sollicité alors que je m'étais promis de le laisser tranquille pour une fois, à Maryline Gillois qui a tellement contribué au résultat final par son soutien constant et ses idées justes, à Sophie Dufau, qui m'a mis sur les rails en me proposant d'écrire sur ces sujets pour *Médiapart*, et qui a tout relu avec sa rapidité, sa compétence et sa pertinence habituelles, à Danièle Siroux, sans qui je n'aurais jamais osé publier ce livre, à Albert Ogien qui m'a pour ainsi dire forcé à améliorer ce texte, à Stéphanie Hennette-Vauchez, Valérie Gateau, Martine Gross, Nathalie Maillard Romagnoli, Isabelle Pariente-Butterlin, Marta Spranzi, Bernard Baertschi, Philippe Descamps, Alexandre Mauron, qui ont accepté de mettre leurs grandes compétences dans les sujets que je discute au service de ce livre, à Patricia Allio, Speranta Dumitru, Delphine Morel, Carine Merlino, Jean-Cassien Billier, Roberto Merrill, Nicolas Tavaglione, Sarah Chiche, Sonia Bressler, Annick Raskin, Laurence Dubin, Patrick Pharo, Marie Gaille, Simone Bateman, Emmanuelle Delage, Vanessa Nurock, Christian Nadeau, Fabrice Rozié, Edwige Rude-Antoine, Olivier Cayla, pour leurs commentaires si justes ou simplement leurs encouragements, à Monique Canto-Sperber, Charles Larmore et Christine Tappolet, pour tout ce qu'ils m'apportent dans notre dialogue permanent en philosophie morale. Merci enfin à Sonia Kronlund, Myriam Ogien, Kristina Hauhtonen, toujours si présents.

TABLE

Introduction : La vie et la mort sans métaphysique... 9

PREMIÈRE PARTIE
Qu'est-ce qui justifie l'encadrement coercitif de la vie et de la mort ?

1. La protection des plus vulnérables............ 41
2. La pente fatale.............................. 65
3. La dignité humaine.......................... 79
4. Le caractère sacré de la vie................ ... 89

DEUXIÈME PARTIE
La liberté de ne pas procréer et le droit de mourir

1. Euthanasie et suicide assisté : la criminalisation est-elle légitime ?.......... 101
2. La liberté de ne pas procréer : pourquoi reste-t-elle menacée ?...................... 127

3. Assistance médicale à la procréation :
   pourquoi tant d'injustices ? 161
4. Mères porteuses : qui doit décider ? 177

*Conclusion : L'État est-il habilité à définir les
   meilleures façons de procréer et de mourir et à
   les imposer à tous par la menace ou la force ?* ... 187

Bibliographie 211
Remerciements 219

Dans la collection Mondes Vécus

Clerc (Denis)   *La France des travailleurs pauvres*
Lacroix (Justine)   *La Pensée française à l'épreuve de l'Europe*
Lussault (Michel)   *De la lutte des classes à la lutte des places*
Ogien (Ruwen)   *La Vie, la mort, l'Etat*
Peugny (Camille)   *Le Déclassement*